EXPLORATION AND PRACTICE
OF ASSET MANAGEMENT
FOR SMALL TOWNS IN CHINA

中国小城镇资产管理的探索与实践

陕西省利用国外贷款项目办公室

图书在版编目（CIP）数据

中国小城镇资产管理的探索与实践 / 陕西省利用国外贷款项目办公室. —北京：企业管理出版社，2020.12

ISBN 978-7-5164-2309-7

Ⅰ.①中… Ⅱ.①陕… Ⅲ.①小城镇—资产管理—研究—中国 Ⅳ.①F832

中国版本图书馆CIP数据核字（2020）第248261号

书　　名：	中国小城镇资产管理的探索与实践
作　　者：	陕西省利用国外贷款项目办公室
责任编辑：	尚元经　张　楠
书　　号：	ISBN 978-7-5164-2309-7
出版发行：	企业管理出版社
地　　址：	北京市海淀区紫竹院南路17号　　邮编：100048
网　　址：	http://www.emph.cn
电　　话：	编辑部（010）68414643　　发行部（010）68701816
电子信箱：	qiguan1961@163.com
印　　刷：	三河市东方印刷有限公司
经　　销：	新华书店
规　　格：	170毫米×240毫米　16开本　10.5印张　130千字
版　　次：	2021年1月第1版　2021年1月第1次印刷
定　　价：	88.00元

版权所有　翻印必究·印装错误　负责调换

前 言

改革开放以后,中国经历了世界历史上规模最大、速度最快的城镇化进程,从 1978 年到 2019 年末,中国常住人口城镇化率从 17% 发展到 60%,城镇常住人口达到 8.48 亿人。在拥有近 14 亿人口的发展中国家实现城镇化,人类发展史上没有先例可循。特别是党的十八大以来,城市建设和发展步入了新的阶段,城镇化水平进一步提高,城市发展质量明显改善,城市功能全面提升,为全面建成小康社会搭建了一个坚实的平台。党的十九大报告中更是提出,要以城市群为主体构建大中小城市和小城镇协调发展的城镇格局。

在中国快速城镇化的过程中,产生了大量的中小城镇,其中建制镇达到 2 万多个。小城镇作为联结城乡的重要纽带,对吸纳农村劳动力向非农化转移就业,发展区域经济都起到了重要的作用。在快速城镇化过程中,小城镇积累了规模巨大的基础设施资产。但目前在我国大多数小城镇,科学的基础设施运行维护机制还没有建立起来,相关管理部门的管理理念还比较落后,缺乏基本的基础设施运行维护制度和资金安排,使大量的资产无法得到合理的养护,资产提前老化和重建的现象严重,造成资产服务能力下降和投资的巨大浪费,这也给中国小城镇的可持续发展带来了风险和挑战。

为了提高中国小城镇公共基础设施的资产管理水平，世界银行与中国合作，在陕西小城镇基础设施建设项目中专门开展了公共基础设施资产管理的研究和实践工作，探索适合中国国情的资产管理模式，为中国小城镇资产管理提供示范。陕西小城镇基础设施建设项目通过开展市政资产测绘、资产登记、编制维护计划、举办资产管理培训和研讨会、应用资产管理信息系统等活动，不仅提高了项目区县小城镇的资产管理能力和水平，也是对解决中国国情下小城镇基础设施管理问题的有益尝试和实践。本书结合中小城镇资产管理中的普遍问题，对陕西小城镇基础设施建设项目中开展的资产管理工作进行了系统的归纳和总结，对中国类似的小城镇都具有非常好的借鉴意义。

2020 年 11 月

目　录

第一章　概　述 / 1

1.1　中国小城镇发展状况 / 2

1.2　小城镇资产管理现状 / 5

1.3　世界银行项目在陕西省开展的资产管理实践活动 / 6

第二章　资产管理介绍 / 11

2.1　基础设施资产的定义和范围 / 12

2.2　建立科学的资产管理制度的意义 / 14

第三章　基础设施维护的内容和方法 / 21

3.1　道路 / 24

3.2　城市排水设施 / 39

3.3　道路照明设施 / 43

3.4 桥梁 / 44

3.5 园林绿地及其附属设施 / 46

3.6 城市环境卫生设施 / 48

第四章 陕西省小城镇资产管理实施情况 / 51

4.1 资产管理工作开展情况 / 52

4.2 项目区县基础设施运行维护计划 / 61

第五章 资产财务管理 / 115

5.1 资产财务管理的基本要求 / 116

5.2 资产价值的确定方法 / 117

5.3 市政基础设施资产的账务处理办法 / 120

5.4 基础设施会计主体的确认 / 122

第六章 资产管理信息系统 / 123

第七章 结论和建议 / 133

7.1 世行项目资产管理工作取得的成效 / 134

7.2 中国小城镇开展资产管理工作的建议 / 137

附件1　公共基础设施政府会计准则 / 140

附件2　基础设施损坏情况登记表 / 148

附件3　基础设施养护情况记录表 / 149

附件4　市政基础设施资产日常养护工程量清单 / 150

后　记 / 158

第一章
概 述

中国小城镇发展状况
小城镇资产管理现状
世界银行项目在陕西省开展的资产管理实践活动

1.1 中国小城镇发展状况

纵观世界经济的发展历程，城市化是世界各国社会经济发展的必由之路，是农村经济、农村文明向工业社会和城市文明转变的历史过程。整个世界都正朝着更为城市化的生活方式发展，这个过程在发达国家已基本完成，而在第三世界的许多国家才刚刚起步。城市化水平的提高，也成为各国现代化水平的主要标志。在世界各国的城市化进程中，小城镇以其方便、灵活、收效周期短等特点起到了重要疏解作用。在拉美、南亚、非洲以及东南亚等地区的城市化过程中，由于忽视了小城镇的发展，人口大量地涌入首都和特大城市，产生了严重的城市病。在这些国家的首都和特大城市出现的贫民窟现象、公共卫生安全问题、交通问题、毒品问题和环境污染问题等十分突出，也是形成中等收入陷阱的重要原因之一。

中国的农村人口远超出其他国家，面临着世界上最大规模的城市化进程。同时中国拥有数量庞大的小城镇，大量的乡镇企业都聚集在小城镇里，小城镇作为联结城市与乡村的经济纽带和区域性的行政、工商业中心，是接纳农村人口转移就业的最主要的载体。党的十六大报告中提出了"城镇化"的概念，将发展小城镇列入未来农村发展的大战略；在乡村振兴政策中，小城镇的发展和城镇化问题也是工作内容的重点之一。党的十九大报告中提出，要以城市群为主体构建大中小城市和小城镇协调发展的城镇格局。城镇化建设,能够使农村劳动力向非农化转移,有效增加农民收入,可以增加社会对农产品的需求量,促进农业结构调整,加快农村产业化发展步伐。因此,加快城镇化建设是转移农村剩余劳动力的重要渠道。随着现代生产力的发展,农村剩余劳动力越来越多,实现农村劳动力的城镇化转移是新农村建设的必然选择。

我国城镇化的发展过程,经历了探索发展、快速发展和提质发展的不同阶段。

探索发展阶段(1949~1978年)。改革开放前,我国城市发展过程整体比较曲折,小城市和小城镇发展迟缓。1949年末,全国城市共有132个,其中,地级以上城市65个,县级市67个,建制镇2000个左右。我国常住人口城镇化率只有10.64%。1978年末,全国城市共有193个,其中,地级以上城市101个,县级市92个;建制镇2176个。城市人口共3949万人,常住人口城镇化率基本保持在17%~18%之间。

快速发展阶段(1979~2011年)。改革开放后,我国城镇化建设进入快速通道,大中小城市和小城镇持续协调发展,城市数量迅速增加。1978年,十一届三中全会召开,作出了实行改革开放的重大决策,改革重点很快转向城市,我国城镇化进程开始加速。户籍管理制度开始放松,农村人口快速向城镇流动,乡镇企业兴起,城市和小城镇数量迅速增加。1992年,邓小平南方讲话推动改革开放进入新阶段,大批农村剩余劳动力加速向第二、第三产业转移。1993年,设市标准放宽进一步促进了城镇化发展。2002年,党的十六大提出科学发展观,要求"坚持大中小城市和小城镇协调发展,走中国特色的城镇化道路"。2011年末,常住人口城镇化率达到51.27%,工作和生活在城镇的人口比重超过了50%。

提质发展阶段（2012年至今）。2012年，党的十八大提出"走中国特色新型城镇化道路"，我国城镇化开始进入以人为本、规模和质量并重的新阶段。2013年，党中央、国务院召开了第一次中央城镇化工作会议。2014年，印发了《国家新型城镇化规划（2014-2020年）》。为积极推动新型城镇化建设，户籍、土地、财政、教育、就业、医保和住房等领域配套改革相继出台，农业转移人口市民化速度明显加快，大城市管理更加精细，中小城市和特色小城镇加速发展，城市功能全面提升，城市群建设持续推进，城市区域分布更加均衡。到2019年底，城镇化率已达到60%，城镇常住人口8.48亿人。我国城市个数达到672个，其中，地级以上城市297个，县级市375个；建制镇21297个。

改革开放以后，中国经历了世界历史上规模最大、速度最快的城镇化进程。在拥有近14亿人口的发展中国家实现城镇化，人类发展史上没有先例可循。中国用短短几十年时间，走完了西方国家200年的城镇化之路，创造了世界城镇化发展的奇迹。党的十八大以来，城市建设和发展步入了新的阶段，城镇化水平进一步提高，城市发展质量明显改善，城市功能全面提升，为全面建成小康社会搭建了一个坚实的平台。而小城镇作为联结城乡的重要纽带，在中国城镇化过程中发挥了重要的作用。小城镇是城市经济与农村经济的结合部，是加强城乡联系的"中转站"。它既接洽于城市，是大、中城市辐射功能的中转站，又贴近农村。它作为小区域的政治、经济、文化中心，作用于本区域各产业的发展、协调和指导，通过辐射作用带动周边乡村发展，把大量的生活资料、工业原材料归置在一起，同时，将城市的技术、信息和生产资料输送至农村，为农业生产、农民生活提供服务。小城镇已成为城乡经济活动中最具活力、潜能，发展最快的地区①。

1.2 小城镇资产管理现状

中国经过近40年城镇化建设的高速发展，在区县、乡镇的小城镇基础设施投资规模不断加大，在大量的新建改建城镇进行交通、电力、供水、排水、燃气、教育、医疗保健等基础设施建设，在小城镇形成了大量的公共基础设施资产。根据一些小城镇建设的实践，要建立一套比较完善的供5万到10万人口生活的城镇基础设施，需要3亿元以上人民币投资。但目前在我国大多数城镇，科学的基础设施运行维护理念还没有建立起来，"重建设，轻管理"一直是我国许多地区城市建设管理中普遍存在的问题，相关管理部门的管理理念还比较落后，缺乏基本的基础设施运行维护机制和资金安排，使这些大量的资产无法得到合理的养护，资产提前老化和重建的现象严重，造成资产服务能力下降和投资的巨大浪费，这也给中国小城镇未来是否具有可持续发展的能力带来了风险和挑战。

针对中国目前小城镇资产管理中的状况和问题，世界银行在2015年专门发布了《中国小城镇资产管理调查报告》。报告中特别选取了陕西省澄城县、四川省邻水县、广西壮族自治区来宾市作为中国西部省份小城镇的典型代表进行了深入的分析。报告中指出：中国城市在经济快速增长和城市化的过程中建设了大量的资本资产，但却忽视了对资产的管理维护，城市面临着基础设施资产的过早老

---

① 资料来源：新中国成立70周年经济社会发展成就系列报告（国家统计局）。

化，因此，除非提高资产管理水平，否则可能需要过早地进行基础设施资产的修复或重建，进而产生更大的投资和资金浪费。因此，考虑到中国小城镇的公共基础设施很难带来持续性的收入，如果没有良好的资产管理机制，城市公共服务将面临恶化的风险。报告中还援引麦肯锡公司在2013年对非洲基础设施运行状况的分析作为举例：非洲如果能在20世纪90年代在公路日常养护中投入120亿美元，那么它本可以拯救非洲大陆450亿美元的重建成本。

世界银行派出的调查小组通过使用一种新的快速评估工具，对三个城镇的资产管理状况进行深入的实地评估。评估结果显示，在这些城镇很难找到有关公共基础设施资产的现状和投资规模的完整资料；管理制度碎片化程度惊人，培训和能力建设不足，资产管理缺乏明确的政策和战略规划；基础设施资产没有系统性的养护制度，有限的资金主要用于已经产生公共安全危险的应急性抢修，最终造成花更多的钱来过早修复和重建资产；中国城市地方财政没有固定的资产维护资金预算，在很大程度上也不知道他们需要的运营维护规模和所需的资金。没有长期的资金投资规划，所有的投资规划都只在年度基础上进行。总体来看，和国际上普遍做法相比，中国城市在公共基础设施资产管理能力得分处于很低的水平。

1.3 世界银行项目在陕西省开展的资产管理实践活动

为了提高中国小城镇公共基础设施的资产管理水平，世界银行与中国合作，在陕西小城镇基础设施建设项目中，专门开展了公共基础设施资产管理的研究和实践工作，探索适合中国国情的资产管理模式，为中国小城镇资产管理提供示范。

陕西省位于中国西部内陆地区，作为经济欠发达省份，人均GDP和城镇化率低于全国平均水平。在陕西省的小城镇，市政基础设施人均投资只有全国平均水平的68%，建成区的供水普及率、人均道路面积和每平方公里排水管道长度分别为全国平均水平的89%、74%和67%。市政基础设施服务水平偏低，城镇管理专业知识和经验欠缺，严重阻碍了小城镇的发展扩大。

陕西小城镇基础设施建设项目总投资15.76亿元人民币，其中利用世界银行贷款1.5亿美元，项目建设期6年，2014年12月正式启动，2020年12月完工。主要建设内容包括道路、给排水等城镇基础设施建设，市政基础设施资产管理、小城镇战略研究等管理改善和项目实施支持。项目建设区域包括关中、陕南七个地市，涉及澄城县、陈仓区、汉阴县、旬邑县、礼泉县、汉台区铺镇、武功县武功镇、阎良区、淳化县等9个区县，其中5个区县为当时的国家级贫困县。项目以完善项目区中小城镇基础设施服务水平，提升城镇功能和承载能力，推动产业聚集发展与人口集中居住，示范引导全省新型城镇化建设和城乡统筹全面发展为主要发展目标。项目完工后，新建或改造的道路、给排水和污水服务的改善，使9个区县约85万居民受益。

在项目实施前，项目区县的城镇基础设施管理仍然不够成熟，还停留在重建设轻管理的阶段，缺少完善的财务管理与规划。主要问题体现在以下几个方面。

（1）运营管理

项目区县目前对城镇基础设施的运营管理普遍重视不够，基础设施运营维护没有系统性的规划和预算，有限的资金主要用于新的基础设施建设项目。由于基础设施维护方面欠账太多，现有的基础设施大部分设计能力难以为继，不得不提前重建。为了改善基础设施的运营管理水平，确保其能在设计的使用年限内正常运营，有必要开发一套完善的城镇基础设施运营维护系统。

（2）基础设施规划与资产登记

对已建成的基础设施资产，大部分区县没有完整详细的资产记录，有些区县即使有记录，也没有定期进行及时更新，这在很大方面影响了项目区县开展有效的运营维护、应急处理、提供正常的基础设施服务等，同时，也影响了市政管理规划工作和市政整体基础设施服务的提供。

（3）资产登记

由于现有的城镇基础设施资产记录更新不及时，致使其维护服务很难及时开展，基础设施运营管理规划无法编制，在一些基础设施的维护或替换方面很难进行决策，基础设施资产的替换和更新很难进行及时规划，同时也影响了市政基础设施领域PPP项目的开展。

陕西小城镇基础设施建设项目在进行项目区县基础设施建设的同时，为了解决项目区县资产管理中的问题，在本项目中重点开展了基础设施资产管理工作。通过在项目区县开展市政基础设施调查、资产登记和制图、制定运行维护计划、举办培训和研讨会等工作，改善项目区县的道路、桥梁、排水（污水和雨水）、供水、园林绿化、防洪设施、环境卫生设施等相关市政基础设施管理水平，实现对基础设施资产的全寿命周期管理，提升当地对基础设施的服务管理水平。

本项目资产管理咨询服务选择了 7 个有代表性的项目区县分两批实施。第一批两个区县澄城县、陈仓区工作从 2017 年 5 月开始，2018 年 5 月完成。第二批实施资产管理咨询服务的汉阴县、旬邑县、礼泉县、汉台区铺镇、武功县武功镇五个区县，从 2018 年 12 月开始工作，2020 年 10 月完成。资产管理工作由资产管理咨询公司北京海立信信息咨询有限公司作为技术负责单位，陕西建华工程项目管理有限公司负责协助各区县进行数据调查和整理工作。开展的主要工作内容包括以下几个方面。

①对项目区县市政基础设施现有的资产管理政策、规划、管理现状进行调查和评估，编制资产评估报告，对存在的问题进行研究，并提出改进建议。

②在项目区县开展全面的基础设施资产登记工作，资产登记内容包括各类资产的简要说明及详细资料、建设日期及费用、规格和物理参数、维修更新日期及费用、资产价值和目前的残值、资产管理单位和运行维护单位等，对所有资产进行登记造册。

③为了更准确地掌握项目区县的市政基础设施现状，特别是一些地下管网资产的信息，本项目在一些重点区域进行了基础设施测绘工作，并根据测绘数据和调查数据，完成对项目区县相关基础设施规划图和矢量化图的绘图工作，为项目区县提供了直观的基础设施分布信息。

④编制项目区县市政基础设施的资产运行维护管理计划，从机构人员安排、维护技术标准和方法、运行维护资金预算安排等方面提出全面的规划。

⑤为相关市政管理人员提供资产管理培训,包括资产管理运营计划、资产估值和财务管理、资产登记、资产全生命周期管理等培训;并举办资产管理现场研讨会,转变资产管理观念,提高项目区县管理部门基础设施管理水平。

⑥为项目区县开发和建立资产管理信息系统,实现资产信息化管理,在当地建立资产管理的长效机制。

第二章
资产管理介绍

基础设施资产的定义和范围
建立科学的资产管理制度的意义

2.1 基础设施资产的定义和范围

基础设施资产指的是为满足社会公共需求而建设的公用事业设施，一般都具有服务大众、不可移动等特性，具有较强的社会服务功能。主要包括城市道路、桥梁、隧道、公交场站、路灯、广场、公园绿地、室外公共健身器材，以及环卫、排水、供水、供电、供气、供热、污水处理、垃圾处理系统等。

住建部颁布的《房屋建筑和市政基础设施工程施工招标投标管理办法》中对基础设施的解释为：

①城市道路及其设施：城市机动车和非机动车道、人行道、公共停车场、广场、管线走廊（通讯管线）和安全通道、路肩、护栏、分隔带、街道标牌、城市家具、道路两侧边沟、道路绿化用地及道路的其他附属设施。

②城市桥涵及其设施：城市桥梁、隧道、涵洞、立交桥、人行天桥及桥涵的其他附属设施。

③城市供水设施：管网、水厂、加压设备、抽水泵站及其他附属设施。

④城市排水设施：城市雨水管道、污水管道、雨水污水合流管道、排水沟、排水泵房、城市污水处理厂及其他附属设施。

⑤城市道路照明设施：城市道路、桥梁、广场、公共绿地等照

明设施。

⑥城市环境卫生设施：城市保洁、垃圾周转站、城市垃圾填埋处理场。

⑦燃气、热力管道及其他附属设施。

⑧园林及其他附属设施：公园、公共绿地及其他附属设施。

⑨城市的其他市政设施。

根据我国目前城市基础设施的管理模式，我们按照基础设施的产权归属和运行维护单位的不同，将基础设施又分为产权归属市政的基础设施和产权归属企业的基础设施。在我们国家大多数城市，产权归属企业的基础设施大多能得到较好的维护，但产权归属市政的基础设施，目前运行维护工作都还存在很多的问题。本项目资产管理工作主要针对产权归属市政的基础设施提出进行运行维护的方法、技术规范和养护费用估算。产权归属企业的基础设施资产，由于相关企业有各自的内部养护规定，不在本书研究范围内。

基础设施的具体类别和内容如表2-1所示。

表2-1　　　　　　　　基础设施资产类别及内容

资产类别	资产内容
1.产权归属市政的基础设施	
道路交通设施	城市道路
	桥梁
	路灯
排水设施	排水管、渠
	排水泵站
	污水处理厂
园林绿地	公园
	广场
	行道树

续表

资产类别	资产内容
环卫设施	生活垃圾处理场（厂）
	垃圾转运站
	公共厕所
2.产权归属企业的基础设施	
供水设施	自来水厂
	供水管道
	供水泵站
	供水表
	供水阀门
燃气设施	天然气供应站
	天然气管道
	液化石油气供应站
供热设施	供热厂
	供热管道
电力设施	变电站
	架空输电线
	地下电缆沟
邮电通讯设施	通信综合管道
	通讯杆线

2.2 建立科学的资产管理制度的意义

基础设施在建设后的使用过程中，需要定期进行保养和维护，这样才能保证基础设施维持比较好的使用性能，延长使用寿命，同时也能够尽早发现设施中存在着的安全隐患，及时进行处理。

根据养护性质的不同，基础设施的运行维护包括以下三种类型。

（1）预防性养护

是指基础设施整体性能良好但有轻微病害，为延缓性能衰减、延长使用寿命而采取的主动防护工程。

（2）修复性养护

是指基础设施出现病害或部分丧失服务功能，已经影响了使用性能和公共服务水平，为恢复基础设施技术状况而进行的功能性、结构性修复或定期更换等大修或中修工程。

（3）应急性养护

是指在突发情况下造成基础设施损毁、中断、产生重大安全隐患等，为较快恢复基础设施安全运营能力而实施的应急性抢修。

我们以沥青道路的养护为例，来分析不同类型养护方法的区别。沥青道路在经过一段时间的使用后，经常会出现各种横向、纵向裂缝。这些裂缝初期形成虽然并不影响道路通行，但如果不及时进行预防性养护处理，经过长时间的车辆碾压，裂缝面积会逐渐扩大。特别是当出现降雨或路面积水，地面水将很快渗透到基层和底基层，乃至路基，基层中细小颗粒从面层空隙喷出来，从而使各结构层和路基的强度迅速降低，随着车辆荷载长期的反复作用，沥青路面的裂缝将会进一步演变为坑槽、局部沉陷、松散等各种功能性病害，造成道路通行的安全风险。如图2-1所示，在初期道路形成裂缝时，是进行道路预防性养护的最佳时机，进行简单灌缝养护即可，养护费用大约每延米只需18元左右。如果不加养护，发展成网裂、下陷、长草、坑洼等病害，需要进行面层维修，即修复性养

图 2-1　道路病害的发展过程

护，养护费用大约为每平方米 150 元左右。如果进一步发展，形成大面积的坑槽和下陷，已经严重影响了道路通行，并很容易引起安全事故，这时候就需要进行应急性养护，维修费用大约为每平方米 250 元左右。

目前在中国大多数城市，市政基础设施都缺乏预防性养护，一般只有在基础设施出现较严重的功能性损坏影响使用时，才进行抢修，即应急性养护。原因主要有两个方面，一方面是由于没有专门的运行维护预算，决定了地方运行维护部门只会针对严重影响设施运行的问题进行抢修式的维修；另一方面，预防性养护的理念还没有建立起来，甚至大多数基础设施管理部门并不了解预防性养护的重要性，即使有些城市有养护资金安排，也主要用于中修、大修甚至新建上，预防性养护没有得到关注，在中国的大多数城市，甚至很难找到用于预防性养护所需要的设备。而建立预防性养护的理念和机制，对基础设施的管理非常重要，概括起来主要体现在以下三个方面。

①良好的预防性养护，能够延长基础设施的服务周期寿命。大量实例证明，对于大部分资产，如果不花费足够费用进行定期的预防性维护和修理，就会大大地降低这些资产的使用寿命，并很快就得进行更换，使资产服务周期可能会缩短33%（例如得到很好维护管理的资产服务周期寿命是30年，而维护不好的资产服务周期寿命只有20年）。图2-2表明了一个维护不好的资产价值加速降低的过程。

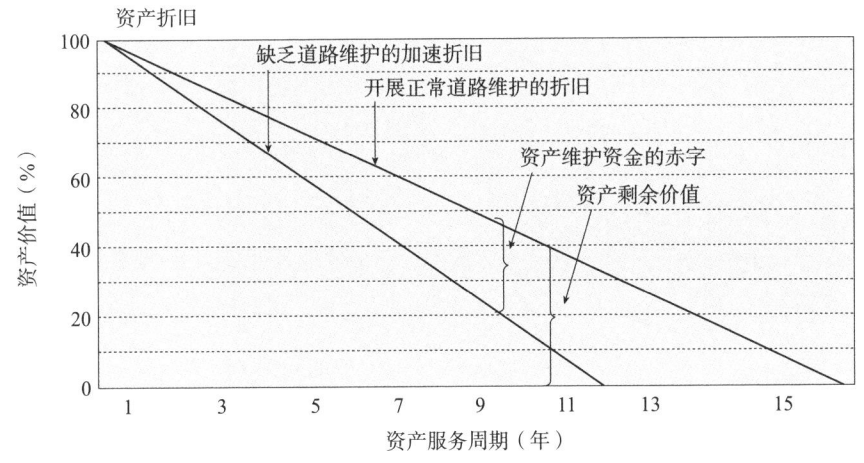

图2-2 道路有无养护影响对比

②建立预防性养护的机制，能够节省投资，提高资产价值。一方面，正常的预防性养护和小修，比基础设施出现功能性损坏后的抢修费用低很多；另一方面，由于得到良好养护的基础设施寿命延长，避免了过早的重复建设。

为了能够更清晰地显示有无养护措施对资产寿命和投资成本的

影响，我们以世行贷款陕西小城镇基础设施建设项目在某县建设的沥青道路为例，对道路在20年运行周期内的建设成本和养护费用进行了典型案例分析。该县世行贷款项目2016年完工的某条沥青道路，平均1公里沥青道路的竣工验收成本为922万元，主车道面积1.2万平方米，年养护费用采用本书中的养护策略和费用估算方法。分析结果显示，在20年的周期内，进行良好预防性养护的沥青道路，预计道路使用寿命能够延长4~5年，全生命周期的投资成本能够节省50%。

另外，海立信公司通过对陕西小城镇基础设施建设项目7个项目区县基础设施运行状况进行综合分析，认为7个项目区县如果没有建立规范的预防性养护制度，未来十年预计需要投资20多亿元用于道路和排水管网的大修和重建；如果从现在开始建立规范的预防性养护制度，只需要投入约10亿左右养护费用。

③得到良好养护的基础设施，能够提升城市的市容市貌，提高群众对公共服务的满意度。在陕西小城镇基础设施建设项目现场勘察时我们发现，有些项目区县的个别道路虽然还在使用期限内并在

图2-3　是否具有良好的养护制度对城市面貌的影响

正常使用,但由于缺乏养护,道路使用状况比较差,破损现象比较明显,严重影响了城市面貌。而在国际国内一些养护措施比较好的大城市我们可以看到,一些道路虽然使用时间已经接近甚至超过设计使用年限,但由于在建成后能够持续得到很好的养护,道路状况始终维持在一个较好的水平,对提升城市面貌起到了很好的作用。

从全国的范围来看,以道路为例,目前中国城市基础设施资产的养护情况大概分为三种情况。

①国内大多数高速公路由于都是由专门的高速公路公司管理,有长期稳定的收入来源,目前都能得到较好的预防性养护。

②在北京、上海、广州、深圳等几个大型城市,已经建立了一定的预防性养护机制,一般都安排了专门的机构和资金进行日常的预防性养护工作。例如北京市专门成立了"北京养护集团",负责市内基础设施的预防性养护和维修工作。

③国内大多数城市和地区,目前都没有建立预防性养护制度,甚至缺乏日常养护资金,资产只有出现功能性损坏时才会进行抢修,基础设施老化速度快,重建周期短。

图 2-4　深圳道路裂缝养护

图 2-5　北京道路的坑槽维修

图 2-6　建于 2001 年的北京四环路，道路裂缝的养护情况

第三章
基础设施维护的内容和方法

道路
城市排水设施
道路照明设施
桥梁
园林绿地及其附属设施
城市环境卫生设施

根据中国大多数城市公共基础设施的管理模式，同时按照国家有关基础设施养护规范，本书专门针对产权归属市政的基础设施提出进行预防性养护的内容、技术标准和养护方法（本章中部分养护方法参考了《深圳市道路典型病害养护操作技术指引》的内容）。

基础设施资产状况等级指的是资产运行的状况，分为完好、良好、合格、不合格四个等级。资产状况处于完好和良好状态的，需要进行日常的预防性养护和小修，以延长资产使用寿命；对处于合格状态的资产，在进行日常养护和小修的同时，可能需要对某些较严重的损坏进行中修；对处于不合格状态的资产，需要进行大修或重建。本章主要针对日常的预防性养护和小修的内容进行描述，对于资产的中修或大修工程，则需要养护部门在评估后向有关主管部门报告，申请专项资金进行维修。

同时，资产管理部门需要根据项目区县基础设施资产的现状，分类别制定每项资产的维护、维修、更换计划，主要内容如下。

每一类基础设施维护的频次、运行管理预算及明细；

需要的人员（包括管理人员）、年度材料需求及供应、需要的维修工具及设备、各类基础设施的年度预算；

满足最低运营管理水平需要的最少预算、人员、材料、设备；

根据管理中发现的问题及改进建议，编制基础设施维护手册，供维修人员使用。

表 3-1　　　　　　　　　　资产状况等级表

状况等级	对应分值	资产状况描述	需要采取的养护措施
完好	[90-100]	一般在基础设施新建或改扩建后不久，运行条件完全能够满足技术要求	日常保养
良好	[75，90）	基础设施符合正常的运行条件	保养小修
合格	[60，75）	基础设施符合基本的运行条件，但已经出现老损现象，需要随时监测和维修	有针对性的小修和中修

表 3-2　　　　　　　　　　各项基础设施的参考使用年限

资产类别	资产内容	资产规格	设计使用年限	说明
道路交通	城市道路	水泥混凝土路面	20	
		沥青混凝土路面	15	
	路灯		30	灯杆 50 年，灯泡 1.5 年，电器 30 年
排水设施	排水管、渠	混凝土管	30	排水管 50 年，渠 50 年，检查井盖 20 年
		非混凝土管	50	
		渠道	50	
	泵站	水泵、电机	7	水泵、电机 7 年，排水管 50 年，渠 50 年，检查井盖 20 年
		排水管、渠	50	
	污水处理厂	水泵、电机	7	水泵、电机 7 年，排水管 50 年，渠 50 年，检查井盖 20 年
		排水管、渠	50	
环卫设施	生活垃圾处理场（厂）		20	20 年
	垃圾转运站	运输设备	10	运输设备 10 年，机械设备 30 年
		机械设备	30	
	公共厕所	建筑主体	50	
		卫生器具	15	
	道路保洁	垃圾箱	5	
		保洁具	0.3	
		运输设备	5	

3.1 道路

道路交通设施包含：城市机动车和非机动车道、人行道、公共停车场、广场、管线走廊（通讯管线）和安全通道、路肩、护栏、分隔带、街道标牌、城市家具、道路两侧边沟、道路绿化用地及道路的其他附属设施。

（1）道路设施养护要求

①城市道路养护要求。城市道路的维修养护是指为保持和恢复道路原有功能和设施完好所进行的日常保养和修复。道路路面应保持平整无坑包，无明显裂缝，设施完好无缺损，方便交通和行人。

②人行道养护要求。人行道及其附属设施应处于完好状态，人行道表面应平整，无障碍物，无积水，砌块无松动、残缺，相邻块高差应符合要求；人行道铺装及侧石应稳定牢固，不得缺失；树池框不得拱起或残缺。

（2）道路设施养护内容

道路预防性养护和小修工程的范围按《城镇道路养护技术规范》（CJJ36-2006）进行划分，即小修保养工程量零星挖补不超过400平方米。

城市道路的维修养护作业应做到：道路修补形状规划、美观；维修养护作业现场设置施工告知牌和安全警示标志；文明施工，即工完、料净、场地清；严禁在路面上拌和砂浆或混凝土等作业。

道路日常养护的主要内容包括：

①道路日常巡检。对道路路面情况进行日常巡检，每周巡查2次。日常巡查以目测为主，对路面外观变化、结构变化、道路施工作业情况及附属设施等状况进行检查。对发现的路面损坏问题及时进行记录和报告（基础设施损坏情况登记表参见本书附件）。

②沥青道路养护内容。沥青路面的养护，必须保持周期性和预防性养护。当路面出现裂缝、松散、坑槽、拥包、啃边等病害时，应及时进行小修保养。采用沥青混合料施工，应在15℃以上气温且无大风的天气施工；因特殊情况必须低温施工时，应采取相应的技术措施；雨天不得摊铺施工。铣刨过的沥青结构，应将表面粉尘彻底清除干净，并选择乳化沥青做粘层油。沥青路面修补质量，应符合《城市道路养护技术规范》（CJJ36-90）的规定。

沥青路面常见的需要养护内容见表3-3。

表3-3　　　　　　　　沥青道路日常养护内容

损坏类型	描述	图例	缺乏养护的危害	维修方式
横缝纵缝以及斜缝等	裂缝长度大于或等于1m，宽度大于或等于3mm的单根/条裂缝，包括横缝、纵缝以及斜缝等。		由于裂缝的形成，地面水将很快渗透到基层和底基层，乃至路基，面层渗水进入基层，基层中细小颗粒从面层空隙喷出来，从而使各结构层和路基的强度迅速降低，随着车辆荷载长期的反复作用，沥青路面的裂缝将会进一步演变为坑槽、局部沉陷、松散等各种功能性病害。	1.宽度在10mm及以内的，应采用专用灌缝（封缝）材料或热沥青灌缝，缝内潮湿时应采用乳化沥青灌缝。 2.宽度在10mm以上的按扩缝清缝后灌缝处理；或按坑槽修补方法处理。

续表

损坏类型	描述	图例	缺乏养护的危害	维修方式
网裂	缝宽1mm以上或缝距400mm以下，面积在1m²以上的网状裂缝。		原理同上，长时间会导致路面下陷，形成坑槽。	同坑槽处理方式。
坑槽	路面破坏成坑洼深度大于20mm，面积在0.04m²以上。如小面积坑槽较多又相距0.2m以内，应合在一起丈量。		原理同上，坑槽面积会加速外扩，导致损坏加大。	1. 坑槽深度已达基层，应先处治基层，再修复面层。2. 修补的坑槽应为顺路方向切割成矩形，坑槽四壁不得松动，加热坑槽四壁，涂刷粘层油，铺筑混合料，压实成型。槽深大于50mm时应分层摊铺压实。
车辙	路面上沿行车轮迹产生的纵向带状凹槽。		道路变形会日趋严重，厚薄不匀，雨天积水，冬天结冰，影响行车舒适和安全，同时也影响道路强度。	车辙深度Ru为10~20mm，用铣刨机清除后，可采用微表处理进行修复；车辙深度为Ru>20mm，用铣刨机清除后，可采用薄层沥青混合料加铺修复技术或坑槽修复技术。
积水	路面局部积水。		雨天积水，冬天结冰，影响行车舒适和安全，同时由于局部温度差异大，会造成结冰部分路面的损坏。	对原路面中央分隔带、路肩、路基边坡、边沟及相应排水设施进行排查，消除积水隐患。有条件时增加边井。

续表

损坏类型	描述	图例	缺乏养护的危害	维修方式
井框差	路表与检查井框顶面的相对高差（高或低）大于15mm。		造成颠覆，影响行车安全。	当井座基础底板强度不足或井顶砖块碎裂散失造成路框差时，宜更换安装改良型卸载大盖板；当井座周边路面下陷造成路框差时，切除并修补周边路面。

③水泥混凝土道路养护内容。水泥混凝土路面必须进行经常性和预防性养护，养护内容至少包括周期性的灌缝和对路面发生的病害及时进行处理。

④人行道养护内容。人行道养护应包括人行道基层、面层及无障碍设施、缘石、树池和台阶等的养护。人行道养护应协调和处理

表3-4　　　　　　　　水泥道路日常养护内容

损坏类型	描述	图例	缺乏养护的危害	维修方式
接缝养护	接缝是水泥混凝土路面的特有构造，应防止填缝料失效，包括脱落、挤出、老化、缺损等。		接缝碎裂、拱胀等损坏，以及接缝中渗入水后，会导致基层软弱和唧浆、错台、脱空等病害。导致板端断裂。	填缝料的更换周期应为2年~3年，宜选在春秋两季较干燥的季节进行。清除嵌入接缝内的杂物，填充或更换填缝材料，以保持伸缩缝的功能。在胀缝修理时，应先将热沥青涂刷缝壁，再将胀缝板压入缝内。对胀缝板接头及胀缝板与传力杆之间的间隙，应采用沥青或其他胀缝料抹平，上部采用嵌缝条的胀缝板应及时嵌入嵌缝条。

续表

损坏类型	描述	图例	缺乏养护的危害	维修方式
裂纹	裂缝长度大于或等于1m，宽度1~15mm的裂缝，包括横缝、纵缝以及斜缝等。		在行车荷载反复作用和水的渗入下，裂缝会加大加长，从而破坏路面板的整体性，加速道路的损坏，影响行车舒适和安全。	对路面板出现小于2mm宽的轻微裂缝，可采用直接灌浆法处治；对裂缝宽大于或等于2mm且小于15mm贯穿板厚的中等裂缝，可采取扩缝补块的方法处治，扩缝补块的最小宽度不应小于100mm。补块时应进行植筋，植筋深度无设计时不应小于板厚的2/3。
板边断裂	裂缝与纵横缝交错使板边或板角切断		在行车荷载反复作用和水的渗入下，裂缝会加大加长，从而破坏路面板的整体性，加速道路的损坏，影响行车舒适和安全。	板角断裂应按破裂面确定切割范围；宜采用早强补偿收缩混凝土，并应按原路面设置纵缝、横向缩缝、胀缝；凿除破损部分时，应保留原有钢筋，没有钢筋时应植入钢筋，新旧板面间应涂刷界面剂；与原有路面板的接缝面，应涂刷沥青，如为胀缝，应设置胀缝板；当混凝土养护达到设计强度后，方可通行车辆。
错台	接缝处相邻两块板垂直高度差在15mm以上。		影响行车舒适和安全。	道路错台高差大于10mm时，应及时处治；高差大于20mm的错台，应采用适当材料修补，且接顺的坡度不得大于1%。相邻路面板板端拱胀的维修，应根据拱胀的高度，将拱胀板两侧横缝切宽，释放应力，使板逐渐恢复原位。

好与无障碍设施、绿化设施带等公共设施的关系,并应符合有关的法规和规章要求。

人行道道板砖的材质、规格、色彩应保持一致,并与原路面衔接平顺,无积水;道板平整度 ±10mm,道板间缝宽及相邻道路高差小于 ±10mm;井框与道板面层高差 ±10mm。

人行道板及平侧石应牢固稳定,人行道横坡不大于 ±3%;平侧石高差不大于 ±5mm;侧石和路面高差不大于 15cm。

附属设施包括指路牌、隔离带、防护栏、城市家俱等,日常维护由产权单位负责。

人行道主要需要养护内容如表 3-5 所示。

表 3-5　　　　　　　　人行道日常养护内容

损坏类型	描述	图例	缺乏养护的危害	维修方式
碎裂	因人行道铺面板块厚度不足或板块与黏结层脱壳后致使铺面发生的沉裂。		局部沉陷、压碎,检查井四周烂边;影响行人安全和人行道基层强度。	局部更换砌块,铺砌应平整、稳定,灌缝应饱满,不得有松动残缺现象。
沉陷	铺装板块装连续数块下沉低于相邻块(或设计高程)深度大于 20mm。		影响行人安全和人行道基层强度。	当人行道下沉和拱胀凸起时,应对基层进行维修。当采用其他材料维修基层时,其强度不应低于原基层材料。冬期进行基层维护不宜采用石灰稳定类和水泥稳定类材料,否则应采取防冻措施。

续表

损坏类型	描述	图例	缺乏养护的危害	维修方式
板块缺失	整块或部分板块缺损。		同碎裂。	同碎裂。
侧石	侧石倾斜、断裂或缺失。		影响道路整洁和人行道的质量。	混凝土缘石应保持稳固、直顺。发生挤压、拱胀变形应调整并及时勾缝。更换的缘石规格、材质应与原路缘石一致。

（3）道路设施维修操作流程

针对道路养护中最常见的裂缝、坑槽、井框差、水泥板断裂等问题，现提出具体的维修操作方法和流程，供养护单位参照实施。

①沥青道路裂缝维修。沥青路面的横缝、纵缝以及斜缝等，均采用如下方法进行修复（表3-6）。

表3-6　　　　　　　　沥青道路裂缝维修操作流程

步骤	操作流程	施工图例
1	现场安全文明施工组织：布置施工现场，设置清晰有效的安全标志和设施，安排专员做好交通组织及安全防护工作。	

续表

步骤	操作流程	施工图例
2	裂缝宽度在10mm以内时，采用清缝并灌缝的方式维修即可；宽度在大于10mm时，应采用扩缝并灌缝的方式维修。扩缝：开槽机开槽时应对准裂缝作业，开槽宽度一般不超过30mm，深度不超过25mm。	
3	清缝：先用铁钩钩出缝内的松动颗粒，再用扫把清扫缝内的颗粒和粉尘，后用鼓风机将缝内粉尘、杂质吹扫干净，缝内潮湿时应注意延长吹扫时间，直至缝内干燥为止。	
4	灌缝：灌缝前应检查枪头，保证出料饱满顺畅。灌缝时灌缝枪应匀速移动，填缝料应灌至饱满状态，并与路表面齐平。	
5	开放交通：灌缝完毕，将路面废料清扫干净，集中装车运离现场，不得将废料弃于路边。待填缝料冷却至常温后即可开放交通。	

②沥青路面局部挖补法。局部挖补法适用于坑槽范围小、结构稳定的损坏，沥青路面小范围的坑槽、网裂等可采用此方法进行修复。

表 3-7　　　　　　　　　沥青道路局部挖补法维修操作流程

步骤	操作流程	施工图例
1	现场安全文明施工组织 布置施工现场，设置清晰有效的安全标志和设施，安排专员做好交通组织及安全防护工作。	
2	确定处治范围 病害的处治面积一般为沿病害四周向外再扩大 100mm 以上的方形范围（包括周边形成的龟裂、网裂部分），且最小面积不应小于 $0.04m^2$。处治范围确定后，用粉笔将处治范围划成方形，线框必须保持与路中线平行或垂直。	
3	路面切缝 用切缝机对准已划好的处治范围标线切缝，禁止用铁镐直接进行。切缝时应注意走线顺直，切缝深度视路面厚度而定，一般不小于 3cm。若路面下面层也需修补，则再对下面层切缝。分层修补时，层间应形成阶梯搭接，搭接宽度一般为 100mm 左右。	
4	凿除路面 处治范围切割好后，用风镐或电镐等凿除工具凿除病害路面沥青混凝土。施工时应距离切缝 50mm 左右向处治部位中间凿除，凿除深度不小于坑槽深度，直至坚实稳定的底面。凿除时，沥青黏结层或封层等一并凿除，不留夹层，且保证坑槽底部平整、槽壁垂直及不松动。凿除的废料应装车统一运离现场，不得随意弃于路边。	

续表

步骤	操作流程	施工图例
5	清理坑槽 先用铁铲、扫把清理掉松散混合料,再用鼓风机将槽内细小松散颗粒吹扫干净,若坑槽潮湿时应吹干再涂洒热沥青。	
6	涂洒粘层油 坑槽清理完毕,在槽的四壁涂洒一道热沥青(或乳化沥青)粘层油,坑槽底部也涂刷一层粘层油,用量一般为 $0.3\sim0.6L/m^2$ 左右,使用乳化沥青应充分破乳。注意坑槽四壁不得漏涂,坑槽底部则应尽量涂洒均匀,但不宜过多。	
7	铺筑修补料 新混合料使用前应加热到规定温度,一般普通沥青混合料的加热温度为140~150℃,改性沥青混合料的加热温度为160~170℃。混合料应由中间向四边摊铺,并使混合料能充分填充在坑槽边缘,保证坑槽边缘新旧路面接缝在碾压后结合紧密,不渗水。应边布料边用刮板整平,刮平时应轻重一致,控制次数,严防集料离析,摊铺不得中途停顿。	
8	碾压 ①沥青混合料修整完后,采用小型压路机碾压时应遵循先四边后中心的原则,对新旧路面接缝处,应骑缝碾压。 ②普通沥青混合料的碾压终了的表面温度不低于70℃,改性沥青混合料的碾压终了的表面温度应不低于90℃。	

续表

步骤	操作流程	施工图例
9	开放交通 坑槽修补完毕,对散落于路面的垃圾和废料全部清扫干净,运离现场集中堆放。待沥青混合料冷却至温度低于50℃,则撤走路面安全设施,开放交通。	

③井框差维修。

表3-8　　井框差维修流程

步骤	操作流程	施工图例
1	现场安全文明施工组织 布置施工现场,设置清晰有效的安全文明施工标志和设施,安排专员做好交通组织及安全防护工作。	
2	确定处置范围 根据现场病害情况,确定处治范围,用粉笔将处治范围划成方形,线框必须保持与路中线平行或垂直。	
3	切除井边破损路面 用切缝机对准粉笔划好的处治范围标线切缝,禁止用铁镐直接进行。切缝时应注意走线顺直,切缝深度视路面厚度而定。处治范围切割好后,用风镐或电镐等凿除工具凿除病害路面沥青混凝土。	

续表

步骤	操作流程	施工图例
4	拆除井框井盖 提起井框井盖,再将支座周围和支座基础的活动碎料清理干净。	
5	调整井座高程 根据原路面标高或铺筑后路面标高,用强度不低于C35标准强度的快凝水泥混凝土调整井座高程,并进行围挡养护,养护时间不少于48小时。待基础坚实、稳定后再安装井框井盖。	
6	安装井框井盖 按原位安装井框井盖,确保井框与底座连接紧密,并注意调整井座方向和高程,使其保持与道路表面齐平。	
7	摊铺沥青混合料 摊铺时井周围沥青路面和水泥混凝土必须坚实、平整、洁净、干燥,并在旧茬和基础涂刷粘层油,便于新料与旧料及基础紧密结合。	

续表

步骤	操作流程	施工图例
8	碾压 使用压路机将井盖与上面层同时碾压,使井与路面形成一体。	
9	开放交通 施工完毕,待沥青混合料冷却至 50℃以下,则撤走路面安全设施,开放交通。	

④水泥路面断裂修复。

表 3-9　　　　　　水泥路面断裂修复流程

步骤	操作流程	正确图例
1	现场安全文明施工组织 布置施工现场,设置清晰有效的安全标志和设施,安排专员做好交通组织及安全防护工作。	
2	确定处置范围 板角断裂应按破裂面的大小确定切割范围,并进行放样,且其修复纵向边不能位于车轮轨迹上。	

续表

步骤	操作流程	正确图例
3	切缝、凿除 用切缝机切缝,风镐凿除破损部分,凿除破损部分时应凿成规则的垂直面。对原有钢筋不应切断,如不能全部保留,则至少保留 20～30cm 长的钢筋头,且应长短交错。	
4	基层处理 基层不良时,应先处理基层。混凝土基层技术要求应满足《城镇道路路面设计规范》(CJJ169-2011) 中有关基层的规定。检查原有滑动传力杆,如有缺陷应予以更换并在新旧混凝土间加设传力杆,传力杆间距与原路面结构保持一致。	
5	混凝土浇筑 (1) 浇筑的混凝土强度宜采用不低于 C35 标准强度的快凝水泥混凝土; (2) 混凝土拌和物填入槽内,振捣密实,并保持与原混凝土面板齐平。	
6	养护 宜采用养护剂进行养护。在整个养护期间必须保持修补混凝土表面始终处于湿润状态。	

步骤	操作流程	正确图例
7	开放交通 待对散落于路面的垃圾和废料全部清扫干净，运离现场集中堆放，混凝土强度不低于设计强度的75%（且一般养护时间不低于2天），方可开放交通。	

（4）道路设施养护的主要设备

①沥青路面修复工具。切缝机，吹风机，液化气罐，喷火枪，钢丝刷，灌缝设备，橡胶辊，小型铣刨机，市政专用维修车辆。

说明：对于大面积维修时沥青混凝土料的运输、摊铺和压路机械，建议租用沥青厂的机械。

②混凝土路面维修机具。风镐破碎机、切缝机、水泥混凝土搅拌机械等。

图3-1　灌缝机

图3-2　风镐

图 3-3 切割机

图 3-4 吹风机

3.2 城市排水设施

（1）城市排水设施维修养护要求

城市排水设施包括排水管渠、检查井和排水泵站等，排水设施的日常养护应保证：①排水管道内无明显堵塞，流水必须畅通无阻。管内污泥不超过深度要求。②检查井井盖座必须完好无缺损，井内无堵塞物，井壁无污垢、不破损、不倾斜，检查井流水畅通无堵塞。

表 3-10　　　　　　　　　污泥积泥深度要求

种类	检查井		雨水口		管道
	有沉泥槽	无沉泥槽	有沉泥槽	无沉泥槽	
允许积泥深度	管底以下 5cm	管径的 1/5	管底以下 5cm	管底以下 5cm	管内径的 1/5

（2）城市排水设施维修养护内容

排水设施的日常养护内容包括：

①日常巡查。对检查井、雨水管道、污水管道的巡查，雨季应每周 1 次，旱季每两周 1 次。

②清疏检查井。清捞井内淤泥和杂物，洗刷井壁、井环盖，维修井环盖，渠泥、弃渣外运。根据雨水、污水的收集情况，雨水检查井一年清疏1次，尽量在每年雨季前进行清疏；污水检查井一年清疏1~2次。雨水检查井、污水检查井应保持常年无堵塞。

③雨水管道（包括雨污合流管）。管道有害气体检测，通风，管道疏通，清捞管井内淤泥和杂物，管道局部翻修，污泥、弃渣外运。小型雨水管道一年疏通1~2次，一般应在每年雨季之前进行。对管道局部或接口缺陷应进行局部修理。

④污水管道。管道有害气体检测，通风，管道疏通，清捞管井内淤泥和杂物，管道局部翻修，污泥、弃渣外运。小型污水管道一年可视不同地段的淤泥沉积情况疏通1~2次。对管道局部或接口缺陷应进行局部修理。

⑤泵站。管道清洗、除锈、油漆，水池清淤、外运，水泵维修，电力线路维修、更换，泵房清洗、保洁、维修，设施、设备定期检测、检验。

排水管道疏通养护可采用射水疏通、绞车疏通、推杆疏通、转杆疏通、水力疏通和人工铲挖等方式，各种管渠疏通方法及适用范围应符合表3-11的规定。

表3-11　　　　　　　　排水管道、检查井养护频次

设施类型		养护频次（次/年）
雨水管道	小型雨水管道（包括合流、$\Phi < 600$）	1.5
	中型雨水管道（包括合流、$600 \leq \Phi < 1000$）	0.8
	大型雨水管道（包括合流、$1000 \leq \Phi < 1500$）	0.5
	特大型雨水管道（包括合流、$\Phi \geq 1500$）	0.3

续表

设施类型		养护频次（次/年）
污水管道	小型污水管道（$\Phi < 600$）	1.5
	中型污水管道（$600 \leq \Phi < 1000$）	0.8
	大型污水管道（$1000 \leq \Phi < 1500$）	0.3
	特大型污水管道（$\Phi \geq 1500$）	0.2
检查井	雨水检查井（包括合流）	1
	污水检查井	2

表 3-12　　　　排水管渠疏通方法及适用范围

疏通方式	小型管道	中型管道	大型管道	特大管道
射水疏通	√	√	√	-
绞车疏通	√	√	√	-
推杆疏通	√	-	-	-
转杆疏通	√	-	-	-
水力疏通	√	√	√	√
人工铲挖	-	-	√	√

注：表中"√"代表适用，"-"代表不适用。

表 3-13　　　　排水管道、检查井日常养护内容

损坏类型	描述	图例	缺乏养护的危害	维修方式
井口堵塞	由于油垢、渣土，造成雨水井口堵塞。		排水不畅。	严查乱倒油污现象，清理井口。

续表

损坏类型	描述	图例	缺乏养护的危害	维修方式
井底垃圾存泥	井底垃圾、渣土超过5cm。		造成排水管道堵塞,污染河道环境。	清掏垃圾。
存泥	管道存泥大于等于管径的1/5;检查井管底淤泥超过5cm。		造成排水能力下降,甚至堵塞。	清淘作业。

（3）城市排水设施维修养护设备

图3-5 管道疏通器

图3-6 管道检测机器人

3.3 道路照明设施

（1）道路照明设施维修要求

道路照明应能为各种车辆的驾驶人员以及行人提供良好的视觉环境，达到保障交通安全，提高交通运输效率，方便人民生活，美化城市环境的目的。

道路照明设施的日常养护应达到亮灯率不低于98%，设施完好率不低于95%，单灯故障修复响应时间不超过24小时；常规线路故障2个工作日内修复。

（2）道路照明设施的日常养护内容

道路照明的日常养护，应制定定期巡检制度，城市道路照明设施的巡检周期不应超过5个工作日。日常养护应对巡检中发现的检查单灯故障和系统性故障及时进行修复，对现场无法排除的危重危害、较严重的系统性故障、树木影响照明安全等，应及时记录，并提交专项维修和抢修工程处理。

表3-14　　　　　　　　　　路灯日常养护内容

损坏类型	描述	图例	缺乏养护的危害	维修方式
路灯损坏	打泡或炸泡引起玻壳损坏，只剩灯芯或灯头；灯的电源引线松脱，或保险丝烧断；灯具灯臂移位。		影响照明。	巡查检修，更换、加固受损部件。

续表

损坏类型	描述	图例	缺乏养护的危害	维修方式
路灯杆损坏	杆身倾斜、被撞；杆基下沉、变形；水泥杆露筋、裂纹、掉块。		影响照明，有时造成安全隐患。	路灯共用杆发现问题时，属于管辖范围内的及时处理，不属于管辖范围的及时报告。
配电箱损坏	箱室漏雨积水、门窗缺失；开关标志缺失；避雷器外壳破损；电缆接头过热或烧焦。		漏电。	巡查检修，补全维修受损部分。

3.4 桥梁

（1）桥梁养护要求

城市桥涵包含：城市桥梁、隧道、涵洞、立交桥、人行天桥及桥涵的其他附属设施，按总长或跨径可分为特大桥、大桥、中桥和小桥四种。按照桥梁结构的不同，可分为钢筋混凝土桥、钢结构桥、钢混结构桥、拱桥、人行天桥。

桥梁养护要求桥面整洁，平整无坑，排水良好；栏杆无缺损，保持美观顺直。钢筋混凝土结构要求结构稳固无损，无剥落、露筋等现象；砖石砌体结构无表面风化剥落，灰缝无脱落；钢结构要求结构稳固无损，做好保洁、防水、除锈油漆以及保持排水设施完好，铆钉(螺栓)牢固、接点完好和杆件完整；支座各部位保持完整、清洁、不积水，定期保养到位；各种标志牌齐全、鲜明、清晰。

表 3-15　　　　　　　　　桥梁按总长或跨径分类

桥梁分类	多孔跨径总长 L（m）	单孔跨径 Lo（m）
特大桥	L>1000	Lo>150
大桥	1000≥L≥100	150≥Lo≥40
中桥	100>L>30	40>Lo≥20
小桥	30≥L≥8	20>Lo≥5

按照桥梁结构的不同，可分为钢筋混凝土桥、钢结构桥、钢混结构桥、拱桥、人行天桥。

（2）桥梁养护内容和标准

桥梁的日常养护，主要是对桥梁进行经常性检查和定期检测，包括桥面铺装层修补，人行道修补，标志牌维修及更换，装饰涂料层修补，泄水管疏通及更换，伸缩缝清理、维修及更换，栏杆维修、更换、擦洗及油漆，装饰材料维修及清洁，隔音板清洁，桥体洗刷等。

对于日常检查时发现的桥体、桥墩等的结构性损坏，应及时记录并向有关部门报告，由专业的桥梁管理部门进行维修。

表 3-16　　　　　　　　　桥梁日常主要养护内容

损坏类型	描述	图例	缺乏养护的危害	维修方式
栏杆损坏	打泡或炸泡引起玻壳损坏，只剩灯芯或灯头；灯的电源引线松脱，或保险丝烧断；灯具灯臂移位。		影响行人安全。	修复栏杆。

续表

损坏类型	描述	图例	缺乏养护的危害	维修方式
伸缩缝养护	伸缩缝堵塞、损坏、老化。		行车有异常响声、跳车，影响两侧道路结构质量。	伸缩装置下方的梁端缝隙，应每年清理不少于2次。伸缩装置的密封橡胶带（止水带），损坏后应及时更换。当钢板伸缩装置的钢板松动、开焊、翘曲和脱落时，应及时修复。

3.5 园林绿地及其附属设施

园林设施包括公园、路树、公共绿地及其他附属设施。

园林绿化养护管理质量标准可分为特级养护质量标准、一级养护质量标准和二级养护质量标准。每项标准的养护要求如表3-17所示。

表3-17　　　　　　　城市园林绿地养护标准

养护标准等级	养护要求
特级养护质量标准	特级养护质量标准要求绿化养护技术措施完善，管理得当，植物配置科学合理，达到黄土不露天。养护标准包括： 1.园林植物养护要求做到： ①生长健壮。新建绿地各种植物两年内达到正常形态。 ②园林树木树冠完整美观，分枝点合适，枝条粗壮，无枯枝死权；主侧枝分布匀称、数量适宜、修剪科学合理；内膛不乱，通风透光。花灌木开花及时，株形丰满，花后修剪及时合理。绿篱、色块等修剪及时，枝叶茂密，整齐一致，整型树木造型雅观。行道树无缺株，绿地内无死树。 ③落叶树新梢生长健壮，叶片大小、颜色正常。在一般条件下，无黄叶、焦叶、卷叶，正常叶片保存率在95%以上。针叶树针叶宿存3年以上，结果枝条在10%以下。 ④花坛、花带轮廓清晰，整齐美观，色彩艳丽，无残缺，无残花败叶。 ⑤草坪及地被植物整齐，覆盖率99%以上，草坪内无杂草。草坪绿色期：冷季型草不得少于300天，暖季型草不得少于210天。

续表

养护标准等级	养护要求
特级养护质量标准	⑥病虫害控制及时，园林树木无蛀干害虫的活卵、活虫；在园林树木主干、主枝上平均每100cm²介壳虫的活虫数不得超过1头，较细枝条上平均每30cm不得超过2头，且平均被害株数不得超过1%。叶片上无虫粪、虫网。被虫咬的叶片每株不得超过2%。 2. 垂直绿化应根据不同植物的攀缘特点，及时采取相应的牵引、设置网架等技术措施，视攀缘植物生长习性，覆盖率不得低于90%。开花的攀缘植物应适时开花，且花繁色艳。 3. 绿地整洁，无杂物，无白色污染（树挂），对绿化生产垃圾（如树枝、树叶、草屑等）、绿地内水面杂物，重点地区随产随清，其他地区日产日清，做到巡视保洁。 4. 栏杆、园路、桌椅、路灯、井盖和牌示等园林设施完整、安全，维护及时。 5. 绿地完整，无堆物、堆料、搭棚，树干上无钉拴刻画等现象。行道树下距树干2m范围内无堆物、堆料、圈栏或搭棚设摊等影响树木生长和养护管理的现象。
一级养护质量标准	一级养护质量标准要求绿化养护技术措施比较完善，管理基本得当，植物配置合理，基本达到黄土不露天。 1. 园林植物： ①生长正常。新建绿地各种植物三年内达到正常形态。 ②园林树木树冠基本完整，主侧枝分布均称、数量适宜、修剪合理，内膛不乱、通风透光。花灌木开花及时、正常，花后修剪及时。绿篱、色块枝叶正常，整齐一致。行道树无缺株，绿地内无死树。 ③落叶树新梢生长正常，叶片大小、颜色正常，在一般条件下，黄叶、焦叶、卷叶和带虫尿、虫网的叶片不得超过5%，正常叶片保存率在90%以上。针叶树针叶宿存2年以上，结果枝条不超过20%。 ④花坛、花带轮廓清晰，整齐美观，适时开花，无残缺。 ⑤草坪及地被植物整齐一致，覆盖率95%以上，除缀花草坪外草坪内杂草率不得超过2%。草坪绿色期：冷季型草不得少于270天，暖季型草不得少于180天。 ⑥病虫害控制及时，园林树木有蛀干害虫危害的株数不得超过1%；园林树木的主干、主枝上平均每100cm²介壳虫的活虫数不得超过2头，较细枝条上平均每30cm不得超过5头，且平均被害株数不得超过3%。叶上无虫粪，被虫咬的叶片每株不得超过5%。 2. 垂直绿化应根据不同植物的攀缘特点，采取相应的牵引、设置网架等技术措施，视攀缘植物生长习性，覆盖率不得低于80%，开花的攀缘植物能适时开花。 3. 绿地整洁，无杂物，无白色污染（树挂），绿化生产垃圾（如树枝、树叶、草屑等）、绿地内水面杂物应日产日清，做到保洁及时。 4. 栏杆、园路、桌椅、路灯、井盖和牌示等园林设施完整、安全，基本做到维护及时。

续表

养护标准等级	养护要求
一级养护质量标准	5. 绿地完整，无堆物、堆料、搭棚，树干上无钉拴刻画等现象。行道树下距树干2m范围内无堆物、堆料、搭棚设摊、圈栏等影响树木生长和养护管理的现象。
二级养护质量标准	二级养护质量标准要求绿化养护技术措施基本完善，植物配置基本合理，裸露土地不明显。 1. 园林植物： ①生长正常。新建绿地各种植物四年内达到正常形态。 ②园林树木树冠基本正常，修剪及时，无明显枯枝死叉。分枝点合适，枝条粗壮，行道树缺株率不超过1%，绿地内无死树。 ③落叶树新梢生长基本正常，叶片大小、颜色正常，在正常条件下，有黄叶、焦叶、卷叶和带虫尿、虫网叶片的株数不得超过10%，正常叶片保存率在85%以上。针叶树针叶宿存1年以上，结果枝条不超过50%。 ④花坛、花带轮廓基本清晰、整齐美观，无残缺。 ⑤草坪及地被植物整齐一致，覆盖率90%以上，除缀花草坪外草坪内杂草率不得超过5%。草坪绿色期：冷季型草不得少于240天，暖季型草不得少于160天。 ⑥病虫害控制比较及时，园林树木有蛀干害虫危害的株数不得超过3%；在园林树木主干、主枝上平均每100cm² 介壳虫的活虫数不得超过3头，较细枝条上平均每30cm不得超过8头，且平均被害株数不得超过5%。被虫咬的叶片每株不得超过8%。 2. 垂直绿化能根据不同植物的攀缘特点，采取相应的技术措施，视攀缘植物生长习性，覆盖率不得低于70%。开花的攀缘植物能适时开花。 3. 绿地基本整洁，无明显杂物，无白色污染（树挂），绿化生产垃圾（如树枝、树叶、草屑等）、绿地内水面杂物能日产日清，能做到保洁及时。 4. 栏杆、园路、桌椅、路灯、井盖和牌示等园林设施基本完整，能进行维护。 5. 绿地基本完整，无明显堆物、堆料、搭棚，树干上无钉拴刻画等现象。行道树下距树干2m范围内无明显的堆物、堆料、圈栏或搭棚设摊等影响树木生长和养护管理的现象。

3.6 城市环境卫生设施

城市环境卫生设施维修养护，可采用计分制，设置一定的分值，对相关不符合规定的行为进行扣分处理。具体标准参考表3-18所示。

表 3-18 　　　　　　　　　　城市环境卫生设施养护标准

考核内容	评分标准
一、工作态度、仪容仪表	
1. 保洁员统一穿着工作服装，统一佩戴工作牌，不得随意缺岗、空岗。	不穿工作服装、不佩戴工作牌的，每人每次各扣 0.02 分。 例行检查时发现有无故缺岗的（15~30 分钟内），每次扣 0.01 分；30 分钟以上，每次扣 0.02 分；全天缺岗的，每次扣 0.1 分。
2. 文明作业，按质按量完成环卫部门领导安排各项工作任务。	不按质按量完成环卫部门领导安排工作任务，每次扣 2 分。 无故不落实管理员安排的任务每次各扣 0.5 分。 不得以任何理由与游客发生争执，发现一次扣 0.2~1 分。 上班时间不得做与工作无关的事情，发现一次每次扣 0.05 分；不服从工作安排的每次扣 1 分。
3. 工作车辆必须悬挂环卫部门管理通行证。	工作车辆入园未悬挂环卫部门管理通行证的，每人每次扣 0.2 分。
二、主干道等硬化地清洁	
1. 上午 9 点前将责任区内明显目标垃圾（瓜皮、果壳、烟头、各种废弃物、纸屑等）清扫干净。	开放游园区域、道路及两侧（可视范围内）每 100 ㎡ 发现果皮 ≥ 6 片，纸屑、塑膜 ≥ 6 片，烟蒂 ≥ 10 个，痰迹 ≥ 10 处，污水 ≥ 1 m^2，其他废弃物 ≥ 2 处的，每处扣 0.02 分。
2. 上午 11 点前清扫干净水泥路、路径、广场上的落叶落花、石块，清除全部的油渍、污泥。	有落叶隔日不扫的，每 10 个平方米扣 0.01 分。 有落花隔日不扫的，每 10 个平方米扣 0.01 分。 有石块、污泥的（非施工原因），每处扣 0.01 分。 清扫工作每延迟半小时未完成，扣 0.01 分；垃圾不及时归堆清运的，每处扣 0.01 分。
3. 水泥路、路径、广场不积水。	水泥路、路径、广场有积水 ≥ 3m^2 不扫的，每发现一处扣 0.02 分。 主干道排水口有垃圾、污泥的，每个排水口扣 0.02 分。 水泥路、路径、广场有青苔的，每处扣 0.01 分。
4. 水泥路、路径、广场无杂草。	水泥路、路径、广场内有杂草的，每处扣 0.02 分。
三、草地清洁	
1. 上午 9 点前将草地上明显目标垃圾（瓜皮、果壳、烟头、各种废弃物、纸屑等）清扫干净。	花池、花带、草地等有明显目标垃圾，每件垃圾扣 0.02 分。 花池、花带、草地等（可视范围内）每 100 ㎡ 发现果皮 ≥ 6 片，纸屑，塑膜 ≥ 6 片，烟蒂 ≥ 10 个，痰迹 ≥ 10 处，污水 ≥ 1 m^2，其他废弃物 ≥ 2 处的，每处扣 0.02 分。 树枝上吊挂有明显目标垃圾的，每件垃圾扣 0.02 分。
2. 上午 11 点前清扫干净草地上的枯枝、落叶落花。	有落枝、枯枝不清走的，每处扣 0.02 分。 有落叶不清扫的，每 10 个平方米扣 0.01 分。 有落花不清扫的，每 10 个平方米扣 0.01 分。

续表

考核内容	评分标准
3.竹林、树盘、灌木、色块(花带)上的落叶、垃圾、(人、动物)粪便、动物死尸及时清扫干净。	灌木、色块上有落叶覆盖率达40%以上的,每平方米扣0.02分。树盘、灌木、色块上有垃圾未清扫,每件垃圾扣0.02分。绿地(人、动物)粪便、动物死尸未及时清扫干净,每处扣0.1分,并立即清扫。
四、垃圾处理	
垃圾要求日产日清	垃圾要求日产日清,垃圾堆放过夜的(可视范围内有堆积垃圾的)每处扣0.1分。

第四章
陕西省小城镇资产管理实施情况

资产管理工作开展情况
项目区县基础设施运行维护计划

4.1 资产管理工作开展情况

为了提高项目区县资产管理的水平，世界银行在项目设计阶段就提出要在陕西小城镇基础设施建设项目中专门开展基础设施管理和研究工作。本项目的资产管理工作选择了 7 个有代表性的项目区县分两批实施，第一批两个区县澄城县、陈仓区工作从 2017 年 5 月开始，2018 年 5 月完成。第二批实施资产管理咨询服务的汉阴县、旬邑县、礼泉县、汉台区铺镇、武功县武功镇五个区县，从 2018 年 12 月开始工作，2020 年 10 月完成。资产管理工作由资产管理咨询公司北京海立信信息咨询有限公司作为技术负责单位，陕西建华工程项目管理有限公司负责协助各区县进行数据调查和整理工作。

北京海立信信息咨询有限公司和陕西建华工程项目管理有限公司利用各自的优势和经验，为本项咨询服务工作组织了具有丰富经验的专家团队，团队成员包括资产管理专家、基础设施管理专家、土木工程师、财务专家等多方面专业人员。由于结合了两个咨询公司的优势和经验，咨询团队不仅具有熟悉国际资产管理理念的专家，也有对陕西当地资产管理情况非常了解的当地专业人员。特别是，此项工作的开展，从一开始就得到了陕西省外贷办的高度重视和大力支持，在整个项目的实施过程中，咨询公司和省项目办、区县项目办一起，积极配合，是本项目咨询服务能够顺利开展的重要原因。

本项咨询服务主要开展的工作包括以下方面。

（1）开展资产评估和现状调查工作

项目启动后，咨询公司先后组织了多次对项目区县的现场调查，分别走访了项目区县的住建局、财政局、规划局、自来水公司、燃气公司、供热公司、路灯管理站、弱电管理公司及相关测绘公司等单位。在调查过程中，咨询团队一方面对项目区县目前的基础设施资产数据状况进行深入的调查了解，收集了相关数据；另一方面，通过和项目区县基础设施管理相关部门的交流和座谈，使大家对资产管理工作的重要性、目的和意义有了一定的共识，为开展下一步工作打下了良好的基础。

在前期调研的基础上，咨询团队向项目办提交了资产管理评估报告，评估报告对项目区县资产管理的现状进行了评估，并提出了目前资产管理工作中的主要问题和改进建议。

（2）开发资产登记系统，开展资产登记工作

本项咨询服务工作中一项重要的内容，就是进行基础设施资产的登记工作。为了提高资产登记的效率，实现资产登记电子化，北京海立信信息咨询有限公司为本项目开发了专门的资产登记系统，用于各单位的资产登记工作。

分阶段对7个项目区县分别进行了资产登记培训。参加培训的有道路、排水、路灯、园林绿化、垃圾处理、污水处理、交通、水利等市政资产管理部门的业务或财务人员，以及供水、燃气、供热、

电力、通讯等企业的业务或财务人员,参加培训人数约 200 人次。在进行资产登记的同时,咨询公司进行了多次现场核实,以保证数据的准确性。所有资产登记工作于 2019 年 8 月完成。

(3)开展基础设施测绘工作

由于项目区县一些市政基础设施的基础资料不完善,特别是一些地下资产的信息不完整,为了确认基础设施的物理信息,本项目在对项目区县的相关基础设施现状和规划进行制图工作的同时,在澄城县、陈仓区、汉阴县和旬邑县开展了基础设施测绘工作,绘制矢量图。

澄城县住建局在 2017 年上半年已经自行开展了部分基础设施的测绘工作,本项工作中对主城区剩余的六纵四横共 10 条街道的地下基础设施进行补充测绘。

陈仓区测绘范围为区主城区所有地下管线基础设施,总面积为

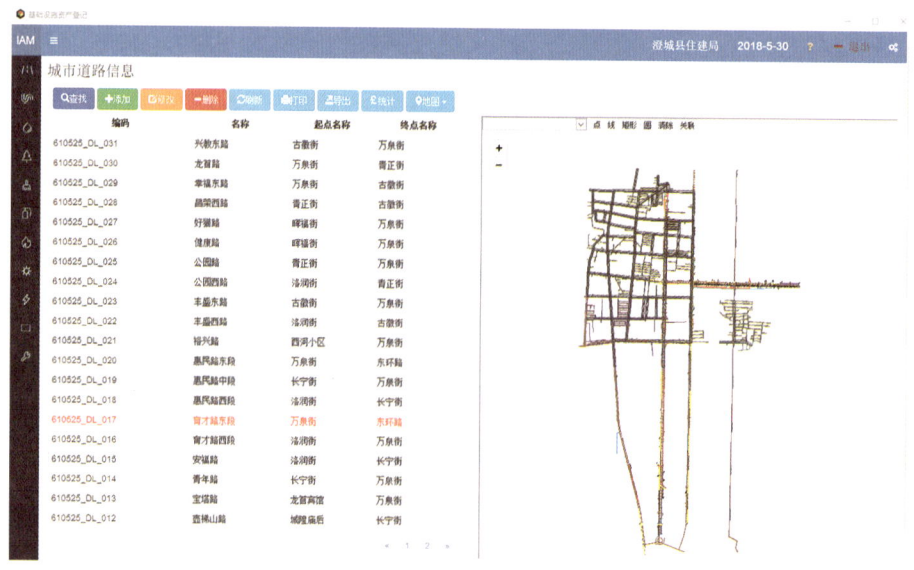

图 4-1　资产登记系统操作界面

30平方公里,基础设施主要分布在三个区域,一是区直管的工业园区,二是区住建局管理的范围,三是宝鸡市直管的物流园区。通过与陈仓区项目办相关负责人沟通确认,陈仓区本项目资产管理的范围为一和二两个区域,因此对这两个区范围进行测绘。

汉阴县的测绘范围包括:东至十天高速收费站入口(汉阴县污水处理厂),西至平涧公路和316国道交汇处,南至十天高速,北至北城街以北100~200米范围,约9平方公里。测绘工作从2019年7月开始,2019年11月中旬完成。

旬邑县测绘范围为县城建成区面积6.1平方公里,测绘工作在2020年10月完成。

基础设施测绘工作的开展,对项目区县完善基础设施资料、提高基础设施的管理水平起到重要的作用,同时为建立GIS地理信息系统打下了基础。

图4-2 基础设施测绘工作

（4）完成项目区县规划图绘制工作

在资产登记和基础设施测绘的基础上，对项目区县基础设施完成了规划图和矢量化图纸的绘制，制图内容包括：

①1：1000 的城市规划（纸质、衬布纸或塑料纸），其中载明道路、公共空间、道路照明设施等；

②载明详细管网分布、阀门、泵站等设施的供水管网完工图纸；

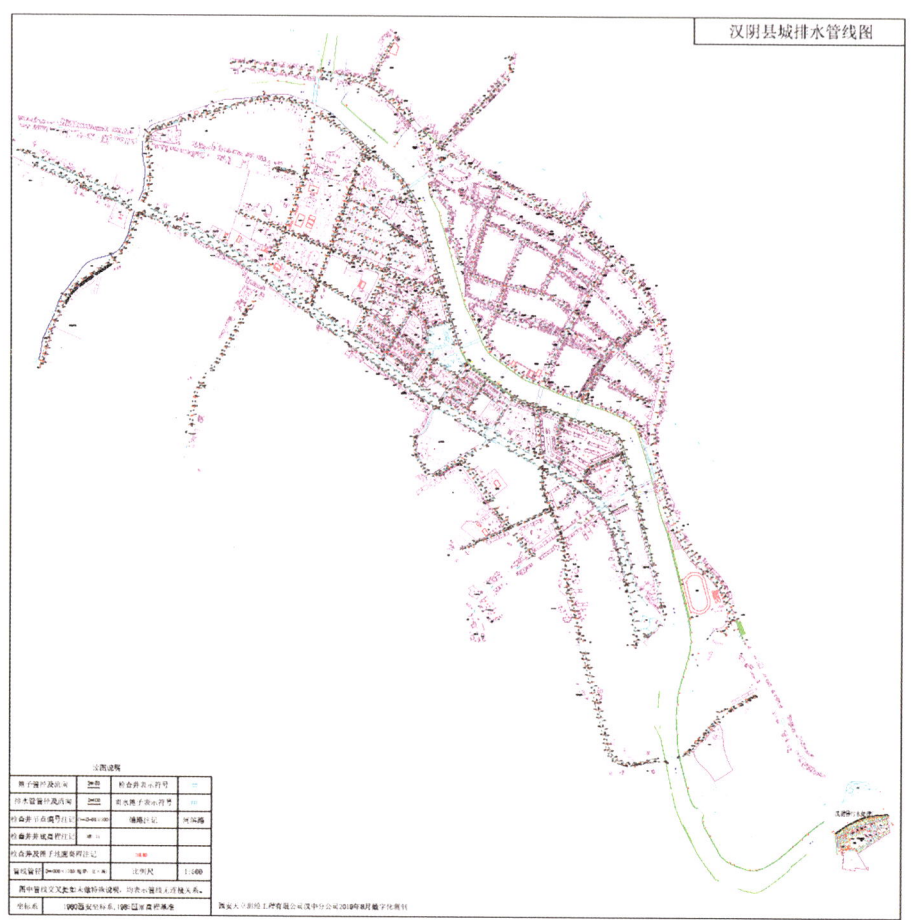

图 4-3　汉阴县排水管线图

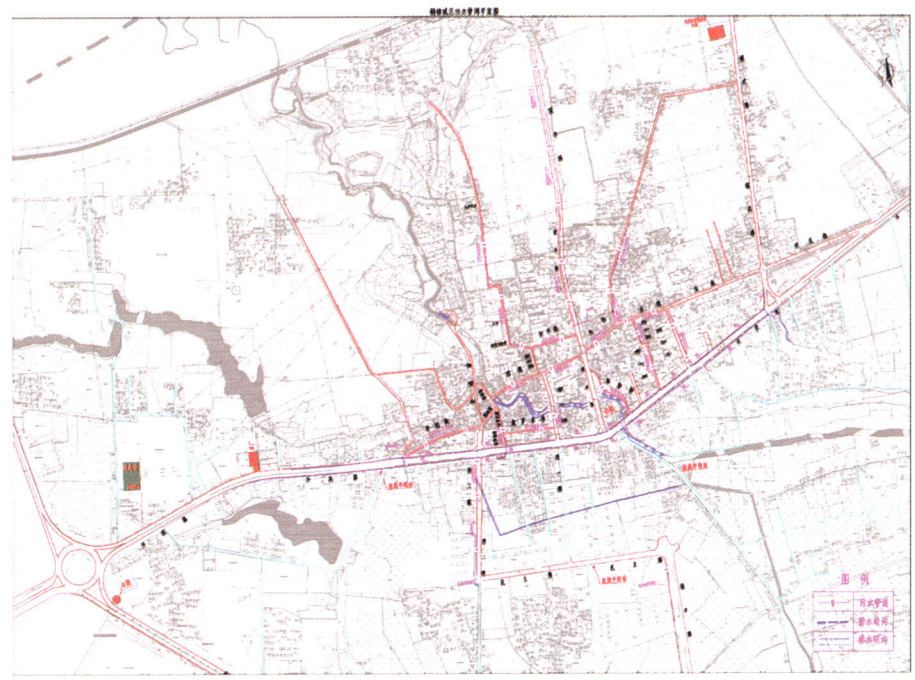

图 4-4　铺镇污水管线图

③载明详细管网分布、检修孔反转水平及配套物阀门等设施的污水管网完工图纸；

④载明详细管网断面、直径、分布等情况的排水管网完工图纸；

⑤供日常使用 1：10000 的规划图。

（5）编制项目区县市政基础设施运行维护标准和预算

根据对项目区县市政基础设施的管理现状进行调查，项目区县目前对城镇基础设施的运营维护管理普遍重视不够，没有系统性的规划和预算，有限的资金主要用于新建设项目。由于基础设施维护方面历史欠账太多，现有的基础设施大部分难以为继，不得不提前重建，基础设施运行普遍达不到设计使用年限。

咨询团队在对项目区县进行资产现状调查、资产登记和测绘的基础上，通过多方面的走访、现场勘察、讨论和研究，同时借鉴国际上一些先进的经验，为项目区县编制了基础设施的运行维护标准和预算，于2019年12月正式提交给项目区县。

（6）开发资产管理信息系统

为了提高资产管理的信息化水平，本项目为项目区县开发了资产管理信息系统，用于主管部门对资产的建设信息、维修信息、运行维护预算进行管理。同时还为汉阴县住建局和旬邑县住建局开发了地理信息系统，用于住建部门日常的管理工作。

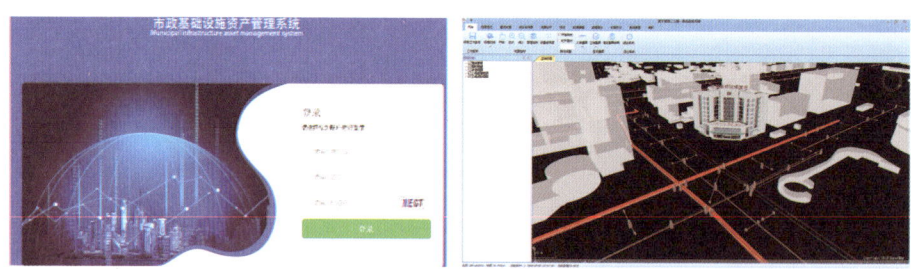

图4-5　资产管理信息系统操作界面

（7）举办资产管理培训和研讨会

为了加强项目区县资产管理部门对基础设施预防性养护的认识，咨询团队针对所有项目区县所有相关的资产管理部门管理人员，组织了专门的资产管理知识培训，陈仓区、澄城县、汉阴县、礼泉县、旬邑县、武功镇、铺镇等7个项目区县以及省项目办参加了培训。本次培训使项目区县相关管理人员能够全面了解基础设施运营管理的内容、目的和意义，介绍针对每个区县编制的运行维护计划和预算，提高了项目区县对资产管理的认识。

2020年9月15~16日,在汉阴县举行了市政基础设施资产管理现场研讨会。陈仓区、澄城县、汉阴县、礼泉县、旬邑县、武功镇、铺镇等7个项目区县以及省项目办共计50多人参加了现场培训和研讨会。培训会主要内容包括资产管理主要成果介绍,市政基础设施预防性养护的要求和技术方法,资产管理系统、地理信息系统和智慧城管系统功能演示,道路预防性养护现场演示以及各区县资产管理体系建设情况交流。通过本次现场研讨会,使参会人员对预防性养护的内容、方法和意义有了更深刻的认识。

(8)提交可交付成果

按照本项咨询服务任务大纲的要求,咨询团队通过大量的工作,已经完成了相应成果的提交,具体成果内容见表4-1。

图4-6　在西安召开资产管理培训和研讨会

图 4-7　在汉阴县召开基础设施预防性养护现场研讨会

表 4-1　分区县主要成果产出表

区县	资产范围	主要产出
汉阴县	县城建成区面积 7.5 平方公里，道路 50 公里，排水、供水、燃气管道合计 116 公里。	①资产评估报告 ②基础设施测绘报告 ③基础设施规划图 ④基础设施资产登记报告 ⑤资产运营管理计划 ⑥资产管理系统 ⑦基础设施地理信息系统（GIS）
旬邑县	县城建成区面积 6.1 平方公里，道路 29.66 公里，排水、供水、燃气、供热管道合计 78.21 公里。	①资产评估报告 ②基础设施测绘报告 ③基础设施规划图 ④基础设施资产登记报告 ⑤资产运营管理计划 ⑥资产管理系统 ⑦基础设施地理信息系统（GIS）
礼泉县	县城建成区面积 10.1 平方公里，道路 80 公里，排水、供水、燃气管道合计 459 公里。	①资产评估报告 ②基础设施规划图 ③基础设施资产登记报告 ④资产运营管理计划 ⑤资产管理系统
汉台区铺镇	镇区建成区面积 3 平方公里，道路 37 公里，排水、供水、燃气管道合计 85 公里。	①资产评估报告 ②基础设施规划图 ③基础设施资产登记报告 ④资产运营管理计划 ⑤资产管理系统

续表

区县	资产范围	主要产出
武功县武功镇	县城建成区面积 2.4 平方公里，道路 13.1 公里，排水、供水管道合计 32.41 公里。	①资产评估报告 ②基础设施规划图 ③基础设施资产登记报告 ④资产运营管理计划 ⑤资产管理系统
澄城县	城关镇镇区面积 18.6 平方公里，道路 37.6 公里，排水管道 71.58 公里，供水管道 21.56 公里。	①资产评估报告 ②基础设施测绘报告 ③基础设施规划图 ④基础设施资产登记报告 ⑤资产运营管理计划 ⑥资产管理系统
陈仓区	城区面积 13.2 平方公里，道路 55.48 公里，排水管道 24.59 公里，供水管道 35.8 公里。	①资产评估报告 ②基础设施测绘报告 ③基础设施规划图 ④基础设施资产登记报告 ⑤资产运营管理计划 ⑥资产管理系统

4.2 项目区县基础设施运行维护计划

第一批两个区县澄城县和陈仓区的资产登记工作从 2017 年 10 月开始，2018 年 1 月完成；第二批五个区县的资产登记工作从 2018 年 12 月开始，2019 年 10 月完成，随后又进行了大量的数据核对工作。通过本次全面的基础设施资产登记，对项目区县的基础设置资产状况有了更加全面和清晰的了解，为推行更完善的资产管理制度打下了基础。

根据资产登记情况，七个区县归属市政的基础设施资产总值为 37.14 亿元，其中道路和排水设施资产价值占总资产价值的 62%。

为了使市政部门能够合理地确定市政基础设施年度养护维修经

费，针对城镇范围内的道路、桥梁、排水、照明等市政设施日常预防性养护和小修工程，本书提出费用构成和取费标准，养护维修费用单价中包括了实施有关养护工作的人工费、材料费和施工机械使用费等。在为陕西世行项目开发的资产管理信息系统中，管理人员可以根据市场价格变化情况对以下维护费用进行修改。

表4-2　　　　　项目区县市政基础设施资产登记情况　　　　单位：万元

项目区县	资产原值	资产净值	其中：道路资产原值	排水设施资产原值
澄城县	60675	39973	34477	8827
陈仓区	44206	21983	23406	3396
汉阴县	95133	65484	46877	3536
旬邑县	56122	40796	28851	4984
礼泉县	68311	52376	36260	8361
铺镇	22486	11378	20015	2101
武功镇	24539	20162	5982	1547
合计	371472	252153	195868	32751

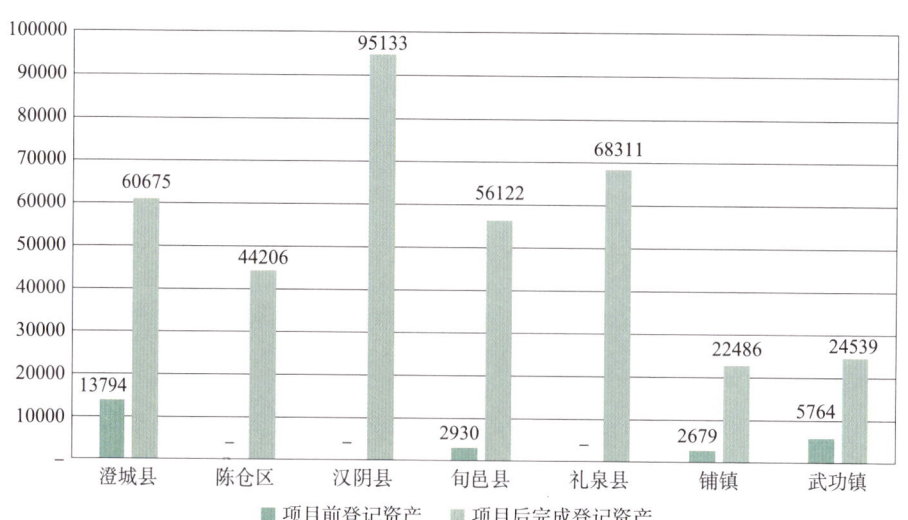

图4-8　项目区县市政基础设施资产登记状况

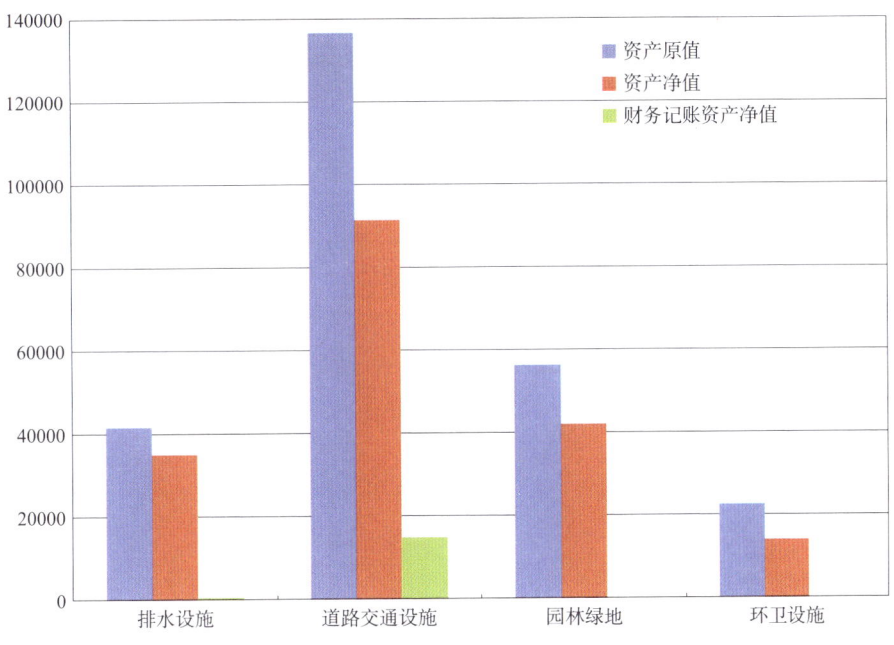

图 4-9 项目区县分类别资产统计图

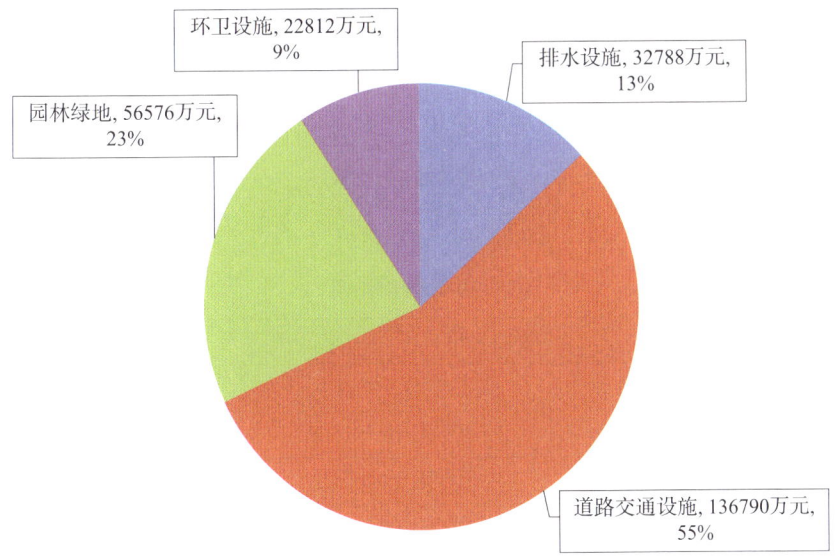

图 4-10 项目区县资产类别占比示意图

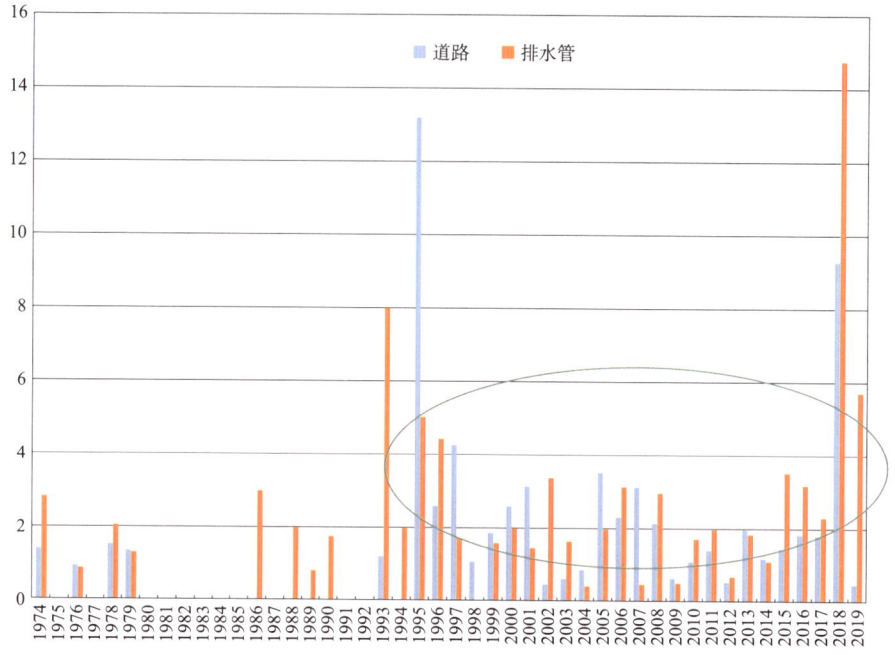

图 4-11　项目区县主要基础设施建设年代分布图

（1）道路养护维修频率和取费标准

城市道路由于使用年限的不同，出现损坏和需要维修的几率也不同。同时根据项目区县人口密集度和道路使用情况进行分析，年度维修率和维修费用取费单价如表 4-3 所示。

表 4-3　　　　　　　　　道路养护年度维修率

序号	项目名称		年维修率（%）
1	沥青路面	使用年限 5 年以下	2.5
2	沥青路面	使用年限 10 年以下	3.0
3	沥青路面	使用年限 15 年以下	3.5
4	沥青路面	使用年限 15 年以上	3.8
5	水泥路面	使用年限 10 年以下	1

续表

序号	项目名称		年维修率（%）
6	水泥路面	使用年限15年以下	1.5
7		使用年限15年以上	2
8	其他路面		2
9	人行道		3

注：本表的年度维修率和年度维修费用取值参考了 GZ-120-2011《城镇市政设施养护维修工程投资估算指标》。

另外，为了便于当地主管部门在进行服务外包时测算招标估算价，根据道路养护的主要内容和当地的价格水平，列出主要维修活动的取费单价。

表 4-4　　　　　　　　道路养护主要项目取费单价

序号	道路类型	维修项目	单位	单价
1	沥青路面	灌缝	元/米	18
2		坑槽维修	元/平方米	150
3	水泥路面	更换填缝料	元/米	25
4		维修路面	元/平方米	120
5	其他路面	维修路面	元/平方米	100
6	人行道	铺设砖	元/平方米	70
7		安装侧石	元/米	80

（2）排水管道维修频率

表 4-5　　　　　　　　排水管道年度养护费用单价

设施类型		单位	频次（次/年）
雨水管道	小型雨水管道（包括合流、Φ<600）	米	1.5
	中型雨水管道（包括合流、600≤Φ<1000）	米	0.8
	大型雨水管道（包括合流、1000≤Φ<1500）	米	0.5
	特大型雨水管道（包括合流、Φ≥1500）	米	0.3

续表

设施类型		单位	频次（次/年）
污水管道	小型污水管道（Φ＜600）	米	1.5
	中型污水管道（600≤Φ＜1000）	米	0.8
	大型污水管道（1000≤Φ＜1500）	米	0.3
	特大型污水管道（Φ≥1500）	米	0.2
检查井	雨水检查井（包括合流）	座	1
	污水检查井	座	2

（3）路灯养护费用标准

表4-6　　　　　　　路灯设施年度养护费用单价

路灯类型	单位	维修费用单价（元）
高杆灯（20米以上）	元/基	800
中杆灯（15米~20米）	元/基	500
10~15米灯	元/盏	150
10米以下灯	元/盏	100

（4）桥梁养护费用标准

表4-7　　　　　　　桥梁设施年度养护费用单价

类型	年维护费用单价（元/平方米）
钢筋混凝土桥	12
钢结构桥	20
石拱桥	10
人行天桥	12

市政基础设施在计算运行维护费用时，依据GZ-120-2011《城镇市政设施养护维修工程投资估算指标》的有关标准，除了工程直接费用以外，市政部门可以根据当地实际情况计取其他养护维修间接费用、市政管理费用等。

表 4-8　　　　　　　　市政基础设施养护维修费用标准

费用名称＼工程分类	道路工程	排水工程	结构工程	照明工程
	以工程直接费为计算基数			
措施费（%）	4.10	6.00	4.40	4.00
间接费（%）	15.78	14.30	15.90	14.00
利润（%）	7.00	7.00	7.00	7.00
税金（%）	3.41	3.41	3.41	3.41
市政管理费用（%）	20.21	22.00	23.00	—
其他费用（%）	8.00	8.00	8.00	15.00

注：摘自 GZ-120-2011《城镇市政设施养护维修工程投资估算指标》，表中所列费率按全国平均水平取定，可根据当地实际情况进行调整。

根据以上计费原则，咨询公司结合项目区县目前基础设施现状进行测算，七个区县在 2020 年合理的运行维护预算为 1895.6 万元。如果从全寿命周期的角度进行分析，七个项目区县如果没有建立规范的养护制度，未来十年预计需要投资 20 多亿元用于道路管网的大修和重建；如果从现在开始建立规范的养护制度，只需要投入约 10 亿元左右养护费用。

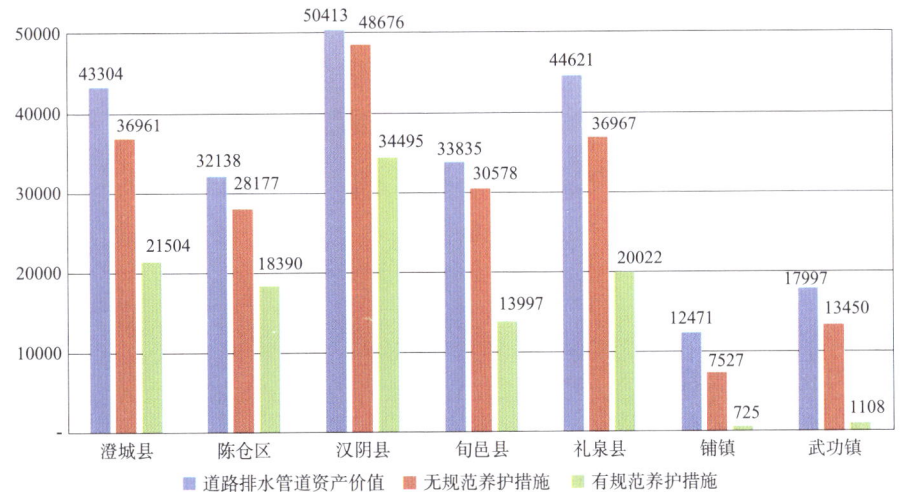

图 4-12　项目区县道路管网未来十年有无规范养护措施投资对比图

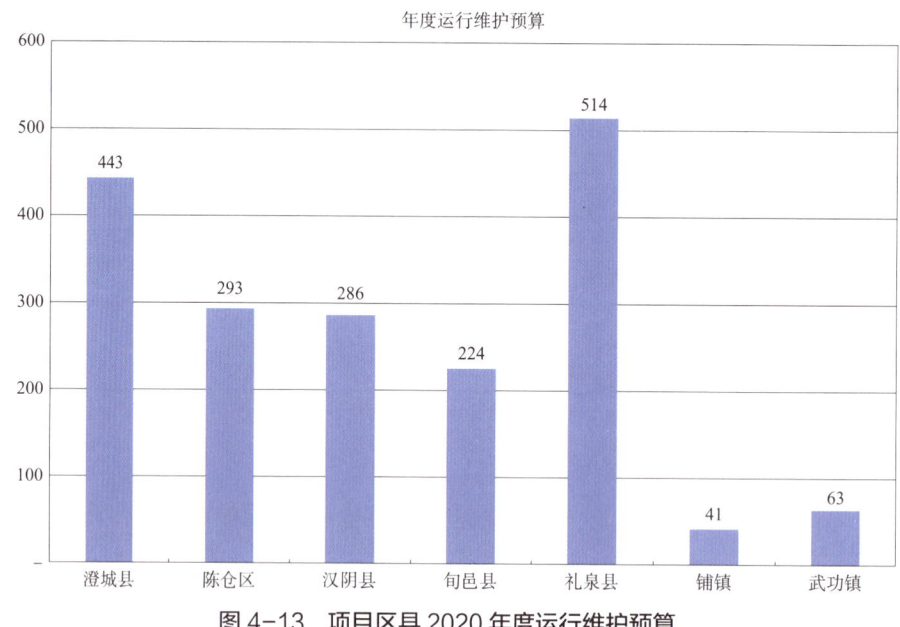

图 4-13 项目区县 2020 年度运行维护预算

在项目区县资产调查和登记的基础上，资产管理专家组根据不同资产的建设年代、历史维修状况、使用年限、各种设施维修方案等多方面进行研究，并考虑当地的经济水平和价格标准，建立了一套市政基础设施运行维护预算模型，并针对产权归属市政的道路交通设施、排水设施、园林绿地、环卫设施等基础设施制定了未来20年的年度维护预算，供水设施、燃气设施、供热设施、电力设施和邮电通讯设施等设施由企业负责运行管理，资产维护预算由企业制定。

4.2.1 澄城县

根据2018年在澄城县开展的基础设施资产登记的情况，澄城县现有道路37.6公里，排水管道71.58公里，供水管道21.56公里，自来水厂 2 个，污水处理厂 1 个，生活垃圾场 1 个（详细的基础设施清单请参见《澄城县基础设施资产登记报告》2018 年。）

澄城县现有资产规模和运行维护单位的基本情况见表 4-9。

表 4-9　　　　澄城县基础设施资产规模及运行维护单位

序号	基础设施 类别	具体内容	数量	运行维护单位
1	道路交通设施	城市道路	37.608 公里	澄城县城投公司
2		路灯	2461 盏	澄城县住建局路灯管理站
3	排水设施	排水管、渠	71.58 公里	澄城县城投公司
4		排水泵站	1 个	澄城县城投公司
5		污水处理厂	1 个	澄城县金兴水业有限公司
6	园林绿地	公园	4 个，其中 1 个在建	澄城县住建局园林绿化管理办公室
7		广场	4 个	
8		行道树	6780 棵	
9	环卫设施	生活垃圾处理场（厂）	1 个	澄城县市容局
10		公共厕所	30 个	澄城县市容局
11	供水设施	自来水厂	2 个	澄城县自来水公司
12		供水管道	21.56 公里	澄城县自来水公司
13		供水表	47 块	澄城县自来水公司
14		供水阀门	24 个	澄城县自来水公司
15	燃气设施	燃气供应站	1 个	陕西燃气澄城分公司
16		然气管道	35.5 公里	陕西燃气澄城分公司
17		液化气供应站	2 个	陕西燃气澄城分公司
18	供热设施	供热厂	1 个	澄城寰慧节能热力有限公司
19		供热管道	19598.51 米	澄城寰慧节能热力有限公司
20	电力设施	变电站	4 个	澄城县供电分公司
21		架空输电线	37.33 公里	澄城县供电分公司
22	邮电通讯设施	通信综合管道	3720 千米	电信、移动、联通、广电公司

澄城县产权归属市政的基础设施资产包括道路交通设施、排水设施、园林绿地、环卫设施和城市防灾设施等，资产详细信息见表4-10。

表4-10　　　　澄城县市政基础设施资产汇总表

资产类别	资产内容	单位	数量		资产原值（万元）		当前净值（万元）	
			总计	其中2000年之前	总计	其中2000年之前	总计	其中2000年之前
道路交通设施	城市道路	公里	37.608	5.052	34.191	7.131	17.0063	1.41236
	路灯	盏	2461	0	0	0	0	0
排水设施	排水管、渠	公里	71.58	9.14	8827	809	6137.86	100.86
	排水泵站	个	1	0	2422	0	0	0
	污水处理厂	个	1	0	6900	0	4512	0
园林绿地	公园	个	3	0	4478	0	13380	0
	广场	个	4	0	2360	0	2210	0
	行道树	棵	6780	2080	181.85	5.21	904.08	361.5
环卫设施	生活垃圾处理场（厂）	个	1	0	2150	0	2150	0
	公共厕所	个	30	5	1267.35	390	1095.96	303.81

根据资产登记情况，澄城县城市道路原值占比最大，其次是排水管道、公园、污水处理厂、生活垃圾处理场（厂），其他资产占比相差不大。在2018年开展资产登记时，澄城县很多基础设施档案资料不完整，缺乏档案管理制度，产权归属市政的所有资产均未进行财务登记。

对澄城县资产调查情况进行分析，澄城县道路、排水设施大多建于2004年以后，其中从2014年至今通过世行贷款项目新建了一

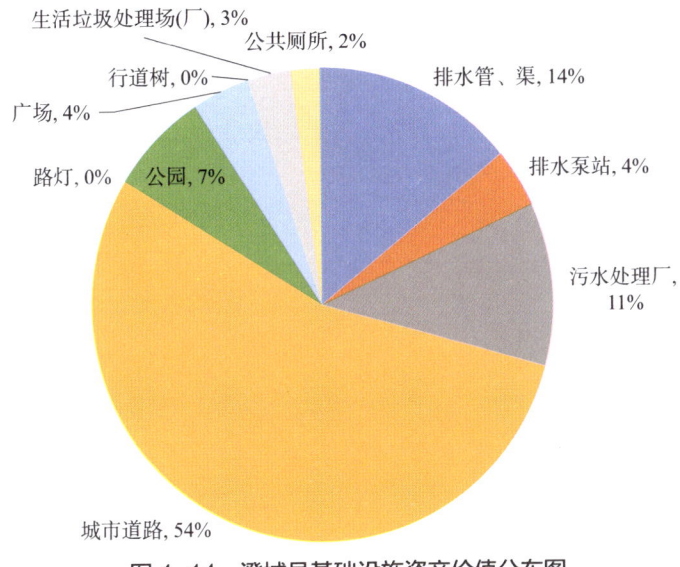

图 4-14 澄城县基础设施资产价值分布图

些道路、排水设施。澄城县道路大多为沥青路面。这些基础设施目前都非常需要得到完善的养护,以延长使用寿命。

澄城县基础设施的运行管理目前由澄城县城投公司牵头管理,2018 年进行资产登记时基础设施还没有日常的预防性养护制度,基本为出现功能性损坏后进行抢修恢复,市政基础设施的建设或维修资金无法做到每年进行预算安排,维修资金来源主要靠建工局领导根据不得不维修的项目临时向财政系统或上级部门进行请款。

根据澄城县目前资产状况和年限,澄城县 2020 年需要安排基础设施运行维护工程费用共计 442.75 万元,详细的费用估算见表 4-11 所示。

根据现有资产的设计使用年限和功能衰减速度,为了便于财政部门对基础设施未来养护费用做长期规划,咨询公司提出澄城县未来 20 年现有基础设施资产的预计养护费用,供有关主管部门进行财

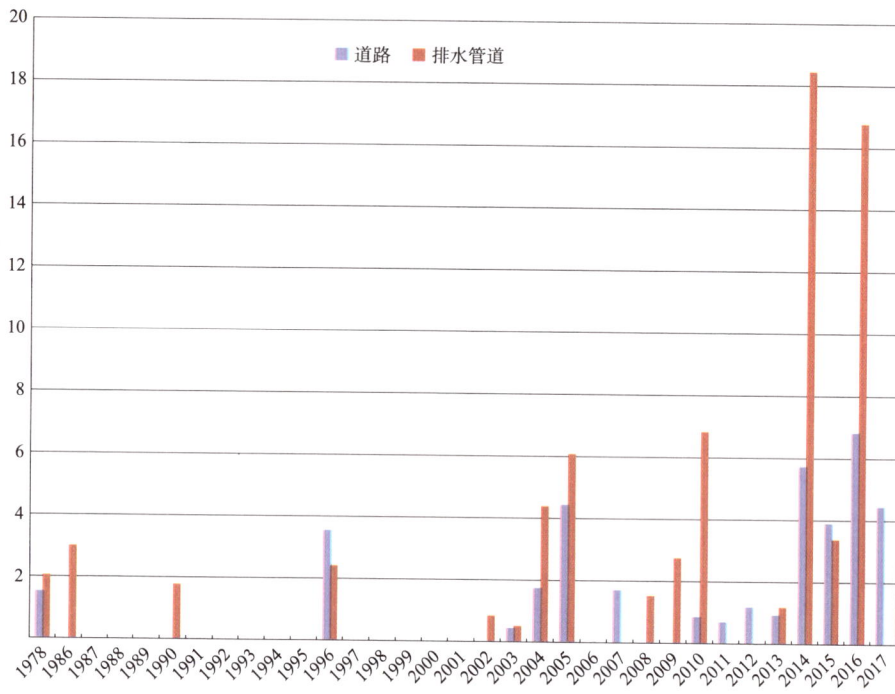

图4-15 澄城县基础设施建设年代分析图

表4-11　　澄城县2020年基础设施运行维护费用估算

设施类型	设施名称	使用年限/规格	单位	单价（元）	数量	年运行维护费用估算（元）
	日常巡检		公里	1500	37.61	56412
道路	沥青道路	5年以下	平方米	2.85	361795	1031116
		5~10年以下	平方米	3.42	67766	231760
		10~15年以下	平方米	3.99	143854	573977
		15年以上	平方米	4.33	115428	500034
道路	水泥道路	10年以下	平方米	1.28		—
		10年~15年以下	平方米	1.88		—
		15年以上	平方米	2.48		—
	其他道路		平方米	3		—
	人行道		平方米	2.16	394310	851710
	小计				1083153	3188597

续表

设施类型	设施名称	使用年限/规格	单位	单价（元）	数量	年运行维护费用估算（元）
排水管道	雨水管道（含雨污河流管道）	小型雨水管道	米	15	9300	139500
		中型雨水管道	米	10.4	17460	181584
		大型雨水管道	米	10	11910	119100
		特大型雨水管道	米	9	13820	124380
	污水管道	小型污水管道	米	15	7100	106500
		中型污水管道	米	10.4	11990	124696
		大型污水管道	米	6	—	—
		特大型污水管道	米	6	—	—
	小计				71580	795760
检查井	雨水检查井		座	55	1159	63745
	污水检查井		座	160	481	76960
	小计				1640	140705
路灯	高杆灯（20米以上）		基	800	—	—
	中杆灯（15~20米）		基	500	—	—
	10~15米灯		盏	150	—	—
	10米以下灯		盏	100	2461	246100
	小计				2461	246100
	合计					4427574

务资金规划时参考。从表中可看出，未来几年澄城县现有的一些道路陆续达到使用年限，需要进行大修。

4.2.2 陈仓区

根据2018年开展的基础设施资产登记情况，陈仓区现有道路55.48公里，排水管道24.59公里，供水管道35.8公里，自来水厂2个，污水处理厂1个，生活垃圾场1个。（详细的基础设施清单请参见《陈

表 4-12　澄城县基础设施全生命周期预计养护费用估算表　　单位：万元

年份	道路养护	排水设施养护	路灯养护	合计	当年预计需大修数量	
					道路（公里）	排水管道（公里）
2020	324.55	93.65	24.61	442.81	1.72	
2021	348.24	93.65	24.61	466.50	4.41	1.74
2022	357.67	93.65	24.61	475.93		
2023	363.35	93.65	24.61	481.61	1.68	
2024	364.77	93.65	24.61	483.03		
2025	369.58	93.65	24.61	487.84		
2026	373.23	93.65	24.61	491.49	0.83	
2027	382.51	93.65	24.61	500.77	0.67	2.4
2028	386.85	93.65	24.61	505.11	1.16	
2029	387.70	93.65	24.61	505.96	0.89	
2030	390.57	93.65	24.61	508.83	5.71	
2031	392.58	93.65	24.61	510.84	3.88	
2032	397.98	93.65	24.61	516.24	6.8	
2033	400.00	93.65	24.61	518.26	4.41	0.8
2034	400.00	93.65	24.61	518.26		0.49
2035	400.00	93.65	24.61	518.26		4.35
2036	400.00	93.65	24.61	518.26		6.06
2037	400.00	93.65	24.61	518.26		
2038	400.00	93.65	24.61	518.26		
2039	400.00	93.65	24.61	518.26		1.5

仓区基础设施资产登记报告》2018 年。）

陈仓区现有资产规模和运行维护单位的基本情况见表 4-13。

陈仓区产权归属市政的基础设施资产包括道路交通设施、排水设施、园林绿地、环卫设施和城市防灾设施等，资产详细信息见表 4-14。

表 4-13　　　　　　陈仓区基础设施资产规模及运行维护单位

序号	基础设施 类别	基础设施 具体内容	数量	运行维护单位
1	道路交通设施	城市道路	55.481 公里	市住建局（城市主干）、区住建局公用事业管理所（城市支路、背街小巷）、工业园区管委会（工业园区范围内）
2	道路交通设施	路灯	2227 盏	市规划局（城市主干两侧的路灯设施）、区住建局公用事业管理所（城市支路、背街小巷的路灯设施）、工业园区管委会（工业园区范围内）
3	排水设施	排水管、渠	24.59 公里	由政府财政投资，建成后维护资金由政府财政支出，区公用事业管理所负责运营和维护
4	排水设施	排水泵站	2 个	
5	排水设施	污水处理厂	1 个	行业管理部门为区污水办公室，陈仓区镜信安水务公司负责运营维护
6	园林绿地	公园	7 个	市园林局（城市主干两侧的绿化）、区住建局公用事业管理所（城市支路、背街小巷）、工业园区管委会（工业园区范围内）
7	园林绿地	广场	2 个	
8	园林绿地	行道树	24198 棵	
9	环卫设施	生活垃圾场（厂）	1 个	归属宝鸡市管理
10	环卫设施	垃圾转运站	10 个	陈仓区园林环卫处
11	环卫设施	公共厕所	20 个	
12	供水设施	自来水厂	2 个	政府财政投资建设，区自来水公司负责运营维护
13	供水设施	供水管道	35.8 公里	政府财政投资建设，区自来水公司负责运营维护
14	供水设施	供水泵站	6 个	
15	供水设施	供水表	176 块	
16	供水设施	供水阀门	221 个	
17	供热设施	供热厂	1 个	大唐热电和自备热力单位
18	供热设施	供热管道	38.5 公里	
19	电力设施	变电站	12 个	国网陕西省电力公司陈仓区供电分公司
20	电力设施	架空输电线	776 公里	
21	电力设施	地下电缆沟	61741 米	

续表

序号	基础设施 类别	基础设施 具体内容	数量	运行维护单位
22	邮电通讯设施	通讯杆线	20公里	电信、移动、联通、广电公司
23		弱电线路沟	79.34公里	

表4-14 陈仓区市政基础设施资产汇总表

资产类别	资产内容	单位	数量 总计	数量 其中2000年之前	资产原值（万元）总计	资产原值（万元）其中2000年之前	当前净值（万元）总计	当前净值（万元）其中2000年之前
	合计				44236.4	6659.49	5659.73	1278.38
排水设施	排水管、渠	公里	24.59	8.17	3396.12	2282.46	1560.78	1013.28
	排水泵站	个	2	0	30	0	0	0
	污水处理厂	个	1		12698.7	0	0	0
道路交通设施	城市道路	米	55481	9428	23406.05	4021.53	3316.85	201.07
	路灯	盏	2227	0	23.1	0	16.3	0
园林绿地	公园	个	7	2	1250	100	0	0
	广场	个	2	0	1150	0	0	0
	行道树	棵	24198	2938	1192.38	140.5	0	0
环卫设施	公共厕所	个	20	3	1090	115	765.8	64.03

根据资产登记情况，陈仓区城市道路原值占比53%，其次是污水处理厂、排水管道等。在2018年开展资产登记时，陈仓区很多基础设施档案资料还不完整，缺乏档案管理制度，产权归属市政的所有资产均未进行财务登记。

对陈仓区资产调查情况进行分析，陈仓区道路、排水设施大多建于1997年至2010年之间，其中从2017年至今通过世行贷款项目

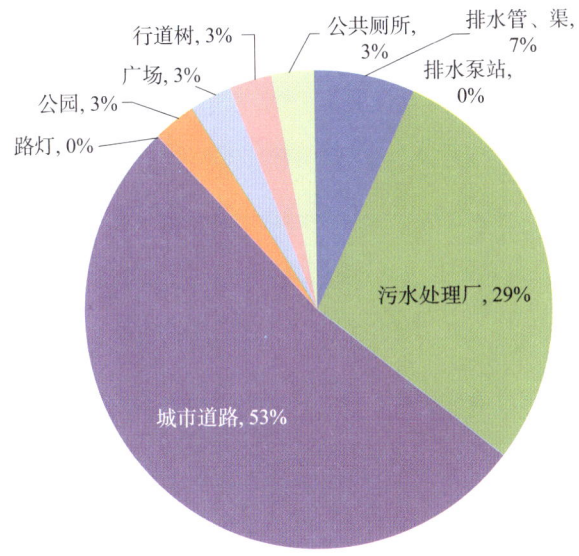

图 4-16　陈仓区基础设施资产价值分布图

新建了一些排水设施。陈仓区道路中约 30% 为沥青道路，其余均为水泥道路。陈仓区道路大多已使用 10 年以上，都非常需要得到完善的养护，以延长使用寿命。

通过调查发现，陈仓区市政直接负责的建设项目相对比较少。陈仓区有一个非常特殊的情况，区内有些企业的税收由宝鸡市直接管理，因而宝鸡市对陈仓区的建设会有资金的支持，这个支持主要表现在宝鸡市对于陈仓区的部分市政基础设施直接进行投资并管理，因此陈仓区很多道路和设施都是宝鸡市投资。而这些道路和设施穿插在陈仓区内，需要陈仓区将属于区住建局管理和维护的基础设施进行摸查和标注，以便建立更加精确的运行维护制度。

根据陈仓区目前资产状况和年限，陈仓区 2020 年需要安排基础设施运行维护工程费用 292.96 万元，详细的费用估算见表 4-15 所示。

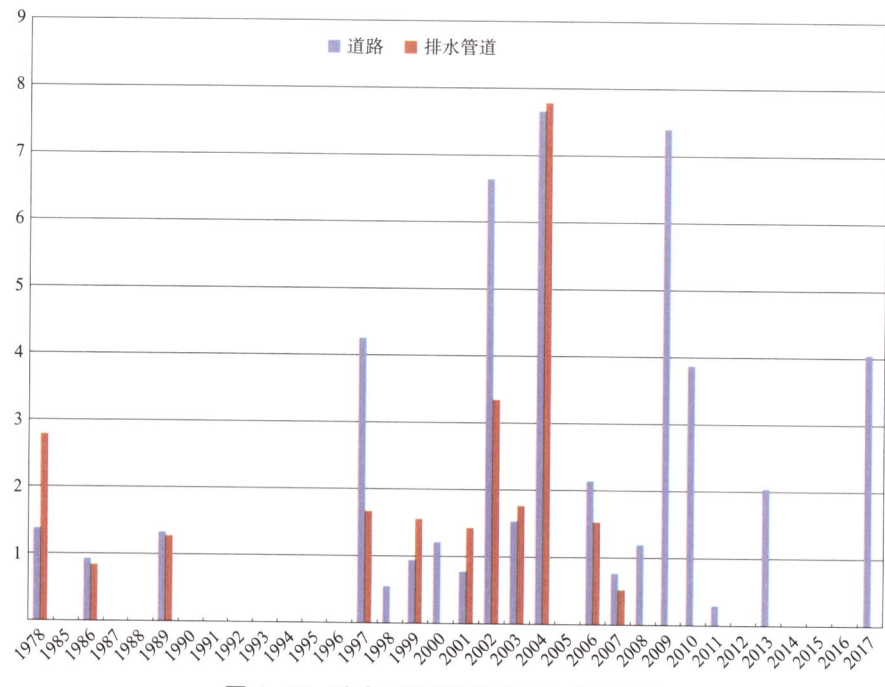

图 4-17　陈仓区基础设施建设年代分析图

表 4-15　　　　　陈仓区 2020 年基础设施运行维护费用估算

设施类型	设施名称	使用年限/规格	单位	单价（元）	数量	年运行维护费用估算（元）
	日常巡检		公里	1500	55.481	83222
道路	沥青道路	5 年以下	平方米	2.85		–
		5 年~10 年以下	平方米	3.42	46800	160056
		10 年~15 年以下	平方米	3.99	107862	430369
		15 年以上	平方米	4.33	150414	651593
	水泥道路	10 年以下	平方米	1.28	455339	580557
		10 年~15 年以下	平方米	1.88	65720	123225
		15 年以上	平方米	2.48	149070.0	368948
	其他道路			3		–
	人行道		平方米	2.16		–

续表

设施类型	设施名称	使用年限/规格	单位	单价（元）	数量	年运行维护费用估算（元）
	小计				975205	2314749
排水管道	雨水管道（含雨污河流管道）	小型雨水管道	米	15	1280	19200
		中型雨水管道	米	10.4	19300	200720
		大型雨水管道	米	10	4010	40100
		特大型雨水管道	米	9		—
	污水管道	小型污水管道	米	15		—
		中型污水管道	米	10.4		—
		大型污水管道	米	6		—
		特大型污水管道	米	6		—
	小计				24590	260020
检查井	雨水检查井		座	55	890	48950
	污水检查井		座	160		—
	小计				890	48950
路灯	高杆灯（20米以上）		基	800		
	中杆灯（15~20米）		基	500		—
	10~15米灯		盏	150		—
	10米以下灯		盏	100	2227	222700
	小计				2227	222700
	合计					2929640

根据现有资产的设计使用年限和功能衰减速度，为了便于财政部门对基础设施未来养护费用做长期规划，咨询公司提出陈仓区未来20年现有基础设施资产的预计养护费用，供有关主管部门进行财务资金规划时参考。从表中可看出，未来几年陈仓区现有的一批道路陆续达到使用年限，需要进行大修。

表 4-16　陈仓区基础设施全生命周期预计养护费用估算表　　单位：万元

年份	道路养护	排水设施养护	路灯养护	合计	当年预计需大修数量	
					道路（公里）	排水管道（公里）
2020	239.79	30.90	22.27	292.96	4.31	
2021	243.39	30.90	22.27	296.56	1.21	
2022	247.04	30.90	22.27	300.21	0.64	
2023	250.74	30.90	22.27	303.91	3.53	
2024	254.50	30.90	22.27	307.67	2.74	
2025	258.32	30.90	22.27	311.49	3.64	
2026	262.20	30.90	22.27	315.37	1.8	
2027	266.13	30.90	22.27	319.30	1.51	
2028	270.12	30.90	22.27	323.29		1.67
2029	274.17	30.90	22.27	327.34		
2030	278.29	30.90	22.27	331.46	7.42	1.57
2031	282.46	30.90	22.27	335.63	2.08	
2032	286.70	30.90	22.27	339.87	0.3	1.44
2033	291.00	30.90	22.27	344.17		3.35
2034	295.36	30.90	22.27	348.53	2.04	1.77
2035	299.79	30.90	22.27	352.96		7.79
2036	304.29	30.90	22.27	357.46		
2037	308.85	30.90	22.27	362.02		1.54
2038	313.49	30.90	22.27	366.66	4.05	0.53
2039	318.19	30.90	22.27	371.36		

4.2.3　汉阴县

根据在 2019 年开展的基础设施资产登记的情况，汉阴县现有道路 34 公里，排水管道 46 公里，供水管道 8.97 公里，自来水厂 2 个，污水处理厂 1 个,生活垃圾场 1 个。(详细的基础设施清单请参见《汉阴县基础设施资产登记报告》2019 年。)

汉阴县现有资产规模和运行维护单位的基本情况见表 4-17。

表 4-17　　汉阴县基础设施资产规模及运行维护单位

设施类型	设施名称	单位	数量	运行维护单位
道路	沥青道路	公里	6.49	汉阴县住房和城乡建设局市政园林管理所
	水泥道路	公里	27.59	
	其他道路	公里		
	小计		34	
排水管道	雨水管道	公里	10.65	汉阴县住房和城乡建设局市政园林管理所
	污水管道	公里	14.69	
	雨污合流管道	公里	20.93	汉阴县住房和城乡建设局市政园林管理所
	小计		46	
检查井	雨水检查井	座	318	汉阴县住房和城乡建设局市政园林管理所
	污水检查井	座	599	
	雨污合流检查井	座	683	
	小计		1600	
桥梁	钢筋混凝土桥	座	10	316 国道过境公路桥梁汉阴县公路管理段,其他桥梁汉阴县住房和城乡建设局市政园林管理所
	小计		10	
路灯	高杆灯(20 米以上)	基	3	汉阴县住房和城乡建设局市政园林管理所
	中杆灯(15~20 米)	基	2	
	10~15 米灯	盏	1214	
	10 米以下灯	盏		
	小计		1216	
园林绿地	公园	个	5	汉阴县住房和城乡建设局市政园林管理所
	广场	个	1	
	行道树	株	5708	

续表

设施类型	设施名称	单位	数量	运行维护单位
环卫设施	生活垃圾处理场（厂）	个	1	汉阴县垃圾处理场
	垃圾转运站	个	10	汉阴县城管局
	公共厕所	个	17	
城市防灾设施	防洪堤	个	1	汉阴县水利局
	防洪枢纽	个	2	
	排洪沟	公里	1	
供水设施	自来水厂	个	2	陕西省水务集团汉阴县供水有限公司
	供水管道	公里	8.97	
	供水泵站	个		
燃气设施	天然气供应站	座	1	安康市天然气有限公司汉阴分公司
	天然气管道	公里	5.86	
	液化石油气供应站	座	1	汉阴县绿源液化气公司
电力设施	变电站	座	5	陕西省地方电力集团有限公司汉阴县供电分公司
	架空输电线	公里	129.67	
	地下电缆沟	公里		

汉阴县产权归属市政的基础设施资产包括道路交通设施、排水设施、园林绿地、环卫设施和城市防灾设施等，资产详细信息见表4-18。

表4-18　　　　　　　汉阴县市政基础设施资产汇总表

资产类别	资产内容	单位	数量 总计	数量 其中2015年之后	资产原值（万元）总计	资产原值（万元）其中2015年之后	当前净值（万元）
合计					95133	32959	65484
排水设施	排水管、渠	公里	46.27	9.48	3536	786	2451
	泵站	个	5	1	210	50	184
	污水处理厂	个	1		6871	—	5909

续表

资产类别	资产内容	单位	数量		资产原值（万元）		当前净值（万元）
			总计	其中2015年之后	总计	其中2015年之后	
道路交通设施	城市道路	公里	34.08	9.19	46877	29016	33431
	桥梁	座	10	2	3600	360	1086
	路灯	个	1216	356	668	234	513
园林绿地	公园	个	5	1	24620	2500	16854
	广场	个	1	–	1300	–	607
	行道树	株	5708	249	1772	14	858
环卫设施	生活垃圾处理场（厂）	个	1	–	5110	–	3322
	垃圾转运站	个	10	–	77	–	15
	公共厕所	个	18	–	492	–	256
城市防灾设施	防洪堤	个	1	–	–	–	–
	防洪枢纽	个	2	–	–	–	–
	排洪沟	公里	8.5	–	–	–	–

根据资产登记情况，汉阴县城市道路原值占比最大，其次是公园、污水处理厂、生活垃圾处理场（厂），其他资产占比相差不大。在2019年开展资产登记时，汉阴县很多基础设施档案资料还不完整，缺乏档案管理制度，产权归属市政的所有资产均未进行财务登记。

对汉阴县资产登记情况进行分析，汉阴县除了近几年世行贷款项目新建了一些道路、排水设施之外，大多数基础设施年代比较久，很多道路使用时间在10年以上。汉阴县道路大多为水泥路面，一般设计使用年限为20年。除了北城街已达到设计使用年限，破损比较

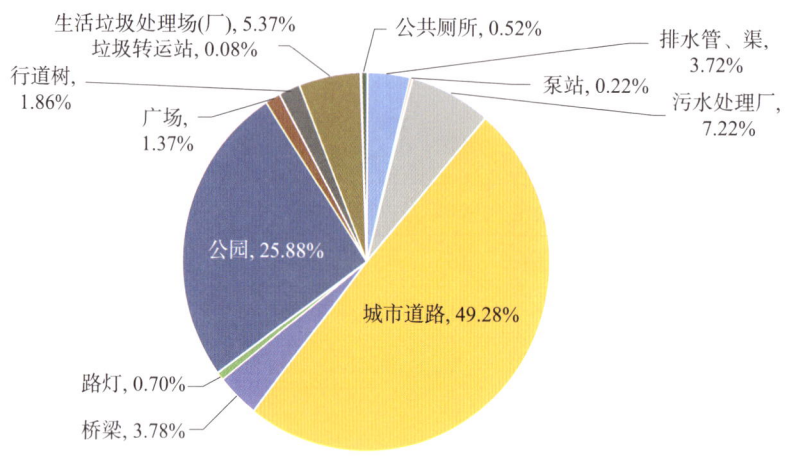

图 4-18　汉阴县基础设施资产价值分布图

严重需要大修外，其他道路都还在设计使用年限内。但通过现场调查可以发现，很多道路有比较明显的破损，路面有较多裂纹、断裂等损坏还没有得到很好的养护。水泥道路胀缝处大多缺乏养护，很多填料已缺失或老化，使有些接缝处出现断裂。一些雨水井垃圾比较多，缺乏定期清掏制度。其中北城街排水井盖破损或盖堵现象达到20%，管道也有部分破损。富强北街排水井盖破损和盖堵现象达到15%，部分井被建渣填埋、覆盖。

通过图 4-19 可以看出，汉阴县现有道路、排水管道等基础设施很多是在 2005~2010 年之间建成的，另外也有一些在 2000 年左右建成的设施，这些基础设施目前都非常需要得到完善的养护，以延长使用寿命。

根据汉阴县目前资产状况和年限，汉阴县 2020 年需要安排基础设施运行维护工程费用 436.6 万元，详细的费用估算见表 4-19 所示。

根据现有资产的设计使用年限和功能衰减速度，为了便于财政部门对基础设施未来养护费用做长期规划，咨询公司提出汉阴县未

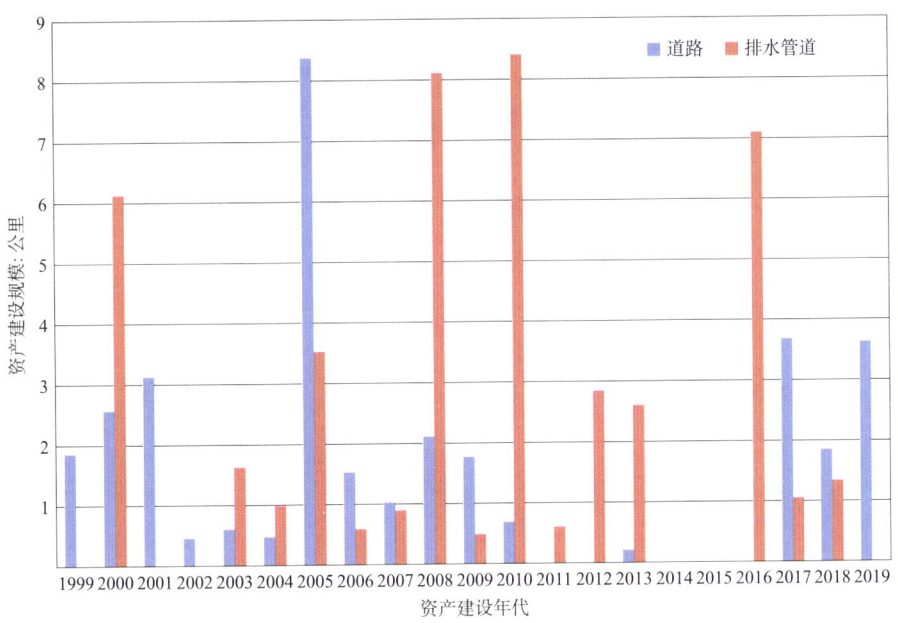

图 4-19　汉阴县道路、排水管道设施资产建设年代

表 4-19　　　　汉阴县 2020 年基础设施运行维护费用估算

设施类型	设施名称	使用年限 / 规格	单位	单价	数量	年运行维护费用估算（元）
	日常巡检		公里	1500	34.08	51116
道路	沥青道路	5 年以下	平方米	2.85	156005	444614
		5 年~10 年以下	平方米	3.42		-
		10 年~15 年以下	平方米	3.99		-
		15 年以上	平方米	4.33		-
	水泥道路	10 年以下	平方米	1.28	80346	102441
		10 年~15 年以下	平方米	1.88	137820	258413
		15 年以上	平方米	2.48	98670	244208
	其他道路		平方米	3		-
	人行道		平方米	2.16	352136	760614

续表

设施类型	设施名称	使用年限/规格	单位	单价	数量	年运行维护费用估算（元）
	小计				824977	1810290
排水管道	雨水管道（含雨污合流管道）	小型雨水管道	米	15	16400	246000
		中型雨水管道	米	10.4	10330	107432
		大型雨水管道	米	10	2490	24900
		特大型雨水管道	米	9	2360	21240
	污水管道	小型污水管道	米	15	7500	112500
		中型污水管道	米	10.4	4300	44720
		大型污水管道	米	6	2890	17340
		特大型污水管道	米	6		—
	小计				46270	574132
检查井	雨水检查井		座	55	1001	55055
	污水检查井		座	160	599	95840
	小计				1600	150895
桥梁	钢筋混凝土桥		座	15000	10	150000
	人行天桥		座	10000		—
	小计				10	150000
路灯	高杆灯	20米以上	基	800		
	中杆灯	15米~20米	基	500		—
	10~15米灯		盏	150	2	300
	10米以下灯		盏	100	1214	121400
	小计				1216	121700
园林绿地			公顷	18000	83.78	1508040
合计						4366172

来 20 年现有基础设施资产的预计养护费用，供有关主管部门进行财务资金规划时参考。从表 4-20 中可看出，未来几年汉阴县现有的一些道路陆续达到使用年限，需要进行大修。

表 4-20　　汉阴县基础设施全生命周期预计养护费用估算表　　单位：万元

年份	道路养护	排水设施养护	桥梁养护	路灯养护	合计	当年预计需大修数量	
						道路（公里）	排水管道（公里）
2020	186.14	72.50	15	12.17	285.81	1.86	
2021	194.40	72.50	15	12.17	294.07	2.58	
2022	195.13	72.50	15	12.17	294.80	3.13	
2023	196.65	72.50	15	12.17	296.32	0.46	
2024	198.93	72.50	15	12.17	298.60	0.61	
2025	207.18	72.50	15	12.17	306.85	0.48	
2026	207.77	72.50	15	12.17	307.44	8.37	
2027	207.77	72.50	15	12.17	307.44	1.54	
2028	211.17	72.50	15	12.17	310.84	1.04	
2029	212.64	72.50	15	12.17	312.31	2.12	
2030	219.40	72.50	15	12.17	319.07	1.78	
2031	219.40	72.50	15	12.17	319.07	0.7	6.12
2032	219.40	72.50	15	12.17	319.07		
2033	222.39	72.50	15	12.17	322.06	1.44	
2034	223.25	72.50	15	12.17	322.92	1.62	1.62
2035	227.29	72.50	15	12.17	326.96	3.65	0.98
2036	227.29	72.50	15	12.17	326.96		3.53
2037	227.29	72.50	15	12.17	326.96		0.6
2038	227.29	72.50	15	12.17	326.96	2.24	0.9
2039	227.29	72.50	15	12.17	326.96	0.46	8.1

4.2.4 旬邑县

根据 2019 年资产登记的情况，旬邑县现有道路 29.37 公里，排水管道 26.37 公里，供水管道 22 公里，自来水厂 2 个，污水处理厂 1 个，生活垃圾处理场 1 个。（详细的基础设施清单请参见《旬邑县基础设施资产登记报告》2019 年。）

旬邑县现有资产规模和运行维护单位的基本情况见表 4-21。

表 4-21　　旬邑县基础设施资产规模及运行维护单位

设施类别	设施名称	单位	数量	运行维护单位
道路	沥青道路	公里	20.54	旬邑县住房和城乡建设局旬邑县城市建设管理站旬邑县公路段、旬邑县交通局
	水泥道路	公里	3.93	
	其他道路	公里	4.9	
	小计		29.37	
排水管道	雨水管道	公里	9.3	旬邑县住房和城乡建设局
	污水管道	公里	11.65	
	雨污合流管道	公里	5.42	
	小计		26.37	
检查井	雨水检查井	座	254	
	污水检查井	座	342	
	雨污合流检查井	座	215	
	小计		811	
桥梁	钢筋混凝土桥	座	7	旬邑县交通局
	钢结构桥	座		
	石拱桥	座		
	人行天桥	座		
	小计		7	
路灯	高杆灯（20 米以上）	基		旬邑县住房和城乡建设局旬邑县城市建设管理站
	中杆灯（15~20 米）	基	223	
	10~15 米灯	盏	4	
	10 米以下灯	盏	1061	

续表

设施类别	设施名称	单位	数量	运行维护单位
	小计		1288	
环卫设施	生活垃圾处理场（厂）	个	1	旬邑县城乡市容环境管理局
	垃圾转运站	个	10	
	公共厕所	个	10	
供水设施	自来水厂	个	2	旬邑县自来水公司
	供水管道	公里	22	
	供水泵站	个		
燃气设施	天然气供应站	座	3	玉祥天然气公司/咸阳市天然气公司
	天然气管道	公里	6.32	
	液化石油气供应站	座	1	旬邑县石油液化气供应站
供热设施	供热厂	座		旬邑县三水河供热公司
	供热管道	公里	2.7	旬邑县热力公司
电力设施	变电站	座		陕西省地方电力（集团）有限公司旬邑县供电分公司
	架空输电线	公里		
	地下电缆沟	公里		
邮电通讯设施	弱电线路沟	公里	8.5	电信/联通/移动/广电
	通讯杆线	公里	174	

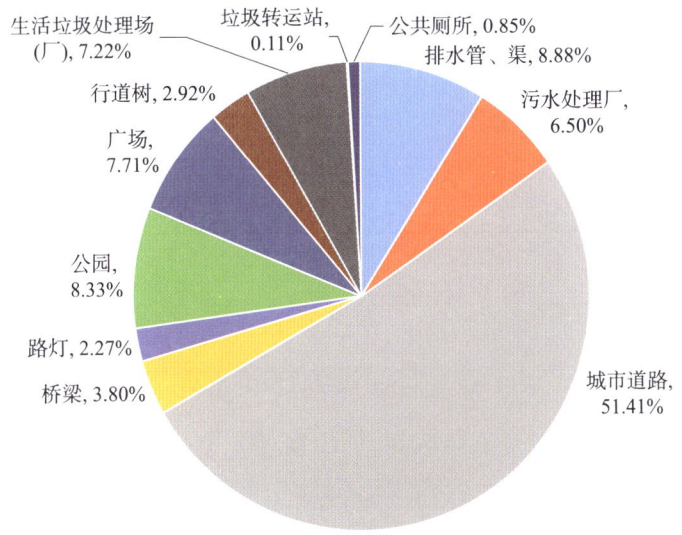

图4-20　旬邑县基础设施资产价值分布图

旬邑县产权归属市政的基础设施资产包括道路交通设施、排水设施、园林绿地、环卫设施和城市防灾设施等，资产详细信息见表4-22。

表4-22　　　　　　　旬邑县市政基础设施资产汇总表

资产类别	资产内容	单位	数量		资产原值（万元）		当前净值（万元）
			总计	其中2015年之后	总计	其中2015年之后	
合计					56122	15088	40796
排水设施	排水管、渠	公里	26	15	4984	2796	4162
	泵站	个	-	-	-	-	-
	污水处理厂	个	1	-	3650	-	3285
道路交通设施	城市道路	公里	29	16	28851	11292	21876
	桥梁	座	7	1	2130	670	1215
	路灯	个	1288	312	1276	312	913
园林绿地	公园	个	6	-	4676	-	3663
	广场	个	3		4329		2474
	行道树	株	5132	-	1640	-	748
环卫设施	生活垃圾处理场（厂）	个	1		4050		2025
	垃圾转运站	个	10	1	60	3	48
	公共厕所	个	10	1	476	15	387

根据旬邑县资产调查情况，旬邑县目前的道路、排水管道等基础设施最早建成于2004年，有些设施已经出现老化现象。从2014年之后，旬邑县利用世行贷款和其他国内资金，新建了一排道路和排水设施，基础设施状况得到一定改善。但基础设施的运行维护还主要以抢修为主，缺乏主动的预防性养护。旬邑县每年的基础设施

运行维修费用约 200 万元，此外还有路灯电费 100 万元，维修预算资金主要用于路灯管理、道路管理、绿化，基本是被动维护。近几年来，虽然旬邑县住建局和旬邑县建筑公司签订有基础设施运行维护合同，由旬邑县建筑公司承包负责城区内的道路路面修复、排水设施维修等服务，但服务外包合同以前还不够完善，需要进一步加强预防性养护工作的内容。

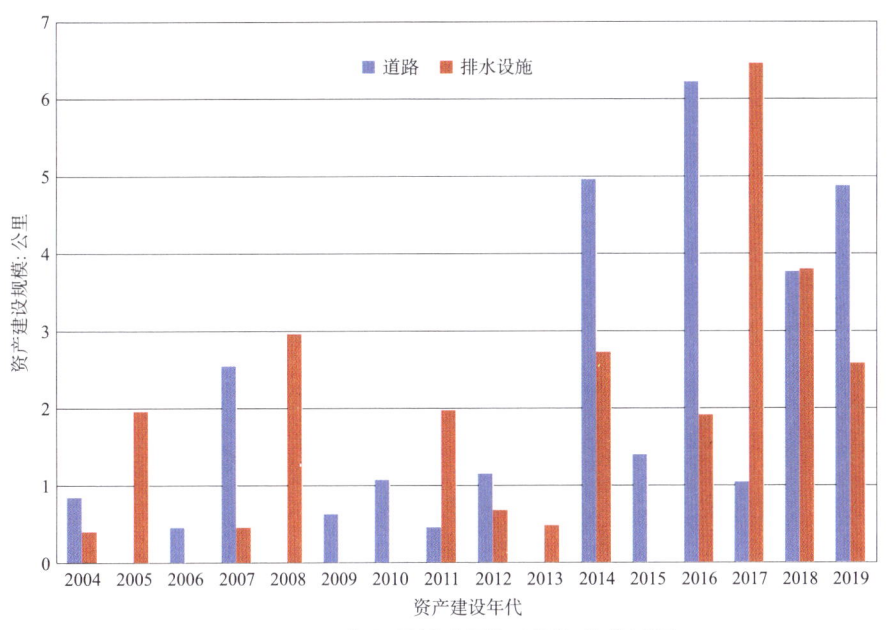

图 4-21　旬邑县基础设施建设年代分析图

根据旬邑县目前资产状况和年限，预计旬邑县 2020 年基础设施运行维护工程费用 224.49 万元，详细的费用估算见表 4-23 所示。

根据现有资产的设计使用年限和功能衰减速度，为了便于财政部门对基础设施未来养护费用做长期规划，咨询公司提出旬邑县未来 20 年现有基础设施资产的预计养护估算费用，供有关主管部门进行财务资金规划时参考。

表 4-23 旬邑县 2020 年基础设施运行维护费用估算

设施名称	设施类型	使用年限/规格	单位	单价	数量	年运行维护费用估算（元）
	日常巡检		公里	1500	29.37	44060
道路	沥青道路	5 年以下	平方米	2.85	209700	597645
		5 年~10 年以下	平方米	3.42	38800	132696
		10 年~15 年以下	平方米	3.99	58400	233016
		15 年以上	平方米	4.33		—
道路	水泥道路	10 年以下	平方米	1.28	30700	39143
		10 年~15 年以下	平方米	1.88	4400	8250
		15 年以上	平方米	2.48		—
	其他道路		平方米	3		—
	人行道		平方米	2.16	210700	455112
小计					552700	1465862
排水管道	雨水管道	小型雨水管道	米	15	7470	112050
		中型雨水管道	米	10.4	4070	42328
		大型雨水管道	米	10	3180	31800
		特大型雨水管道	米	9		—
	污水管道	小型污水管道	米	15	6510	97650
		中型污水管道	米	10.4	3780	39312
		大型污水管道	米	6	1360	8160
		特大型污水管道	米	6		—
小计					26370	331300
检查井	雨水检查井		座	55	469	25795
	污水检查井		座	160	342	54720
小计					811	80515

续表

设施名称	设施类型	使用年限/规格	单位	单价	数量	年运行维护费用估算（元）
桥梁	钢筋混凝土桥		座	15000	7	105000
	人行天桥		座	10000		-
	小计				7	105000
路灯	高杆灯	20米以上	盏	800		
	中杆灯	15米~20米	盏	500	223	111500
	10~15米灯		盏	150	4	600
	10米以下灯		盏	100	1061	106100
	小计				1288	218200
	合计					2244936

表4-24　旬邑县基础设施全生命周期预计养护费用估算表　　单位：万元

年份	道路养护	排水设施养护	桥梁养护	路灯养护	合计	当年预计需大修数量 道路（公里）	当年预计需大修数量 排水管道（公里）
2020	150.99	41.18	10.5	21.82	224.49	0.45	
2021	163.53	41.18	10.5	21.82	237.03		
2022	164.13	41.18	10.5	21.82	237.63	0.45	
2023	168.47	41.18	10.5	21.82	241.97	2.55	
2024	170.27	41.18	10.5	21.82	243.77		
2025	177.98	41.18	10.5	21.82	251.48	1.03	
2026	179.62	41.18	10.5	21.82	253.12	1.07	
2027	180.27	41.18	10.5	21.82	253.77	0.45	
2028	182.42	41.18	10.5	21.82	255.92	0.68	
2029	184.46	41.18	10.5	21.82	257.96		

续表

年份	道路养护	排水设施养护	桥梁养护	路灯养护	合计	当年预计需大修数量	
						道路（公里）	排水管道（公里）
2030	190.60	41.18	10.5	21.82	264.10	4.81	
2031	191.34	41.18	10.5	21.82	264.84	1.4	
2032	191.76	41.18	10.5	21.82	265.26	0.6	
2033	192.30	41.18	10.5	21.82	265.80	1.5	
2034	193.62	41.18	10.5	21.82	267.12	2.95	
2035	195.62	41.18	10.5	21.82	269.12	3.64	0.4
2036	195.62	41.18	10.5	21.82	269.12		1.96
2037	195.62	41.18	10.5	21.82	269.12	5.62	
2038	195.62	41.18	10.5	21.82	269.12		0.45
2039	195.62	41.18	10.5	21.82	269.12	0.81	2.96

4.2.5 礼泉县

根据在2019年开展的基础设施资产登记的情况，礼泉县现有道路41.54公里，排水管道56.38公里，供水管道14.98公里，自来水厂3个，污水处理厂1个，生活垃圾处理场1个。（详细的基础设施清单请参见《礼泉县基础设施资产登记报告》2019年。）

礼泉县现有资产规模和运行维护单位的基本情况见表4-25。

表4-25　　礼泉县基础设施资产规模及运行维护单位

设施类型	设施名称	单位	数量	运行维护单位
道路	沥青道路	公里	41.54	礼泉县市政工程管理处
	水泥道路	公里		
	其他道路	公里		

续表

设施类型	设施名称	单位	数量	运行维护单位
	小计		41.54	
排水管道	雨水管道	公里	15.59	礼泉县城市管理执法局礼泉县市政工程管理处
	污水管道	公里	9.57	
	雨污合流管道	公里	31.22	
	小计		56.38	
检查井	雨水检查井	座		礼泉县城市管理执法局礼泉县市政工程管理处
	污水检查井	座	17	
	雨污合流检查井	座	396	
	小计		413	
路灯	高杆灯（20米以上）	基		礼泉县城区路灯管理所
	中杆灯（15米–20米）	基		
	10–15米灯	盏	1267	
	10米以下灯	盏	451	
	小计		1718	
环卫设施	生活垃圾处理场（厂）	个	1	礼泉县城市管理执法局礼泉县垃圾填埋场
	垃圾转运站	个	1	礼泉县城市管理执法局礼泉县环卫处
	公共厕所	个	23	
供水设施	自来水厂	个	3	礼泉县自来水公司
	供水管道	公里	14.98	
	供水泵站	个	2	
燃气设施	天然气供应站	座		宏远天然气公司
	天然气管道	公里	71.91	
	液化石油气供应站	座		
电力设施	变电站	座	14	礼泉县电力公司
	架空输电线	公里	83.63	
	地下电缆沟	公里		
邮电通讯设施	弱电线路沟	公里	60.54	广电、联通、移动、电信公司中国铁塔公司咸阳分公司
	通讯杆线	公里	51.17	

礼泉县产权归属市政的基础设施资产包括道路交通设施、排水设施、园林绿地、环卫设施等，有关市政资产详细信息见表4-26。

表4-26　　　　　　　礼泉县市政基础设施资产汇总表

资产类别	资产内容	单位	数量 总计	其中2015年之后	资产原值（万元）总计	其中2015年之后	当前净值（万元）
合计					68311	31863	52376
排水设施	排水管、渠	公里	56.38	22.08	8361	4961	6568
排水设施	泵站	个	1	1	150	150	147
排水设施	污水处理厂	个	1		9000	-	7740
道路交通设施	城市道路	公里	41.54	14.47	36260	19560	26588
道路交通设施	桥梁	座	-	-	-	-	-
道路交通设施	路灯	个	1718	332	944	206	720
园林绿地	公园	个			-	-	-
园林绿地	广场	个	8	3	7627	5907	6749
园林绿地	行道树	株	6610	544	469	38	186
环卫设施	生活垃圾处理场（厂）	个	1		4200	-	2520
环卫设施	垃圾转运站	个	1	1	800	800	720
环卫设施	公共厕所	个	23	9	501	241	439

根据礼泉县资产调查情况，礼泉县大多数基础设施建成于20世纪90年代，其中劳动东路、劳动西路最早建成于1985年，年代比较久远，老化比较严重。近年来，礼泉县对很多老化比较严重的道路进行了大修，同时利用世行项目，对部分道路和排水设施进行了重建和扩建，使一些基础设施状况得以改善。

通过图4-22可以看出，礼泉县现有道路、排水管道等基础设施集

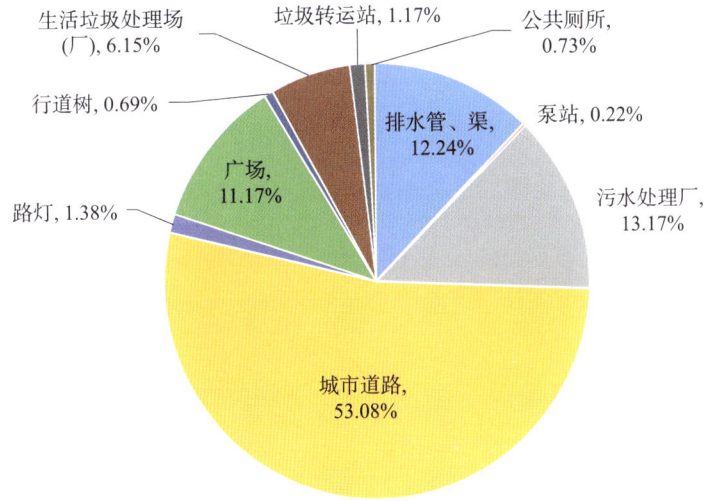

图 4-22　礼泉县基础设施资产价值分布图

中在 1993~1996 年期间建成的比较多，到 2012 年之后，陆续有一些新建基础设施。

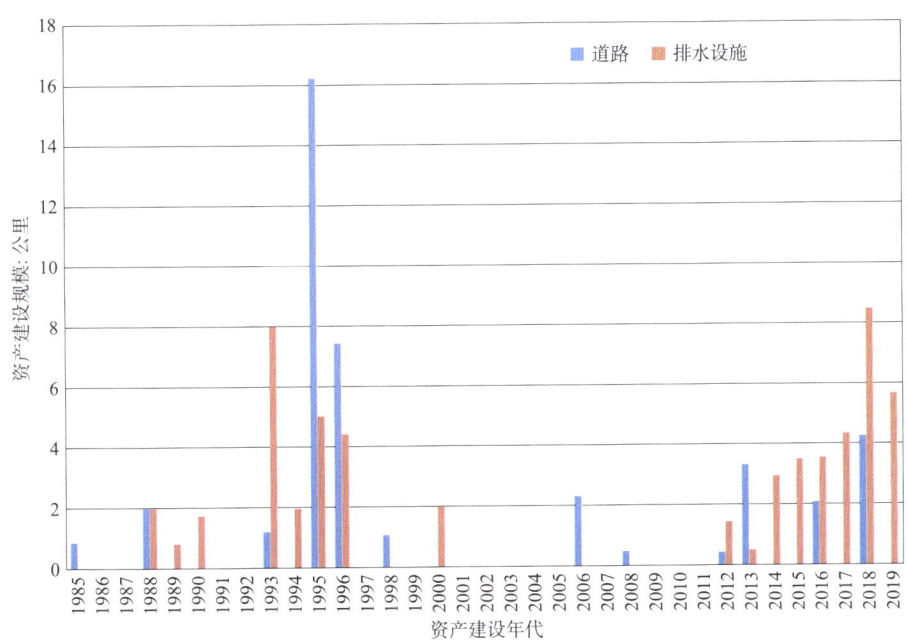

图 4-23　礼泉县基础设施建设年代分析图

根据礼泉县目前资产状况和年限，预计礼泉县 2020 年基础设施运行维护费工程用 513.84 万元，详细的费用估算见表 4-27 所示。

表 4-27　礼泉县 2020 年基础设施运行维护费用估算

设施类型	设施名称	使用年限/规格	单位	单价	数量	年运行维护费用估算（元）
道路	日常巡检		公里	1500	41.54	62316
	沥青道路	5 年以下	平方米	2.85	271322	773268
		5 年~10 年以下	平方米	3.42	167480	572782
		10 年~15 年以下	平方米	3.99	56120	223919
		15 年以上	平方米	4.33	363100	1572949
	水泥道路	10 年以下	平方米	1.28		—
		10 年~15 年以下	平方米	1.88		—
		15 年以上	平方米	2.48		—
	其他道路		平方米	3		—
	人行道		平方米	2.16	473533	1022831
	小计				1331555	4165749
排水管道	雨水管道	小型雨水管道	米	15	18090	271350
		中型雨水管道	米	10.4	10210	106184
		大型雨水管道	米	10	11630	116300
		特大型雨水管道	米	9	6880	61920
	污水管道	小型污水管道	米	15	1870	28050
		中型污水管道	米	10.4	4710	48984
		大型污水管道	米	6	2990	17940
		特大型污水管道	米	6		—
	小计				56380	650728
检查井	雨水检查井		座	55	396	21780
	污水检查井		座	160	17	2720
	小计				413	24500

续表

设施类型	设施名称	使用年限/规格	单位	单价	数量	年运行维护费用估算（元）
路灯	高杆灯	20米以上	盏	800		
	中杆灯	15米~20米	盏	500		—
	10~15米灯		盏	150	1267	190050
	10米以下灯		盏	100	451	45100
小计					1718	235150
合计						5138443

根据现有资产的设计使用年限和功能衰减速度，为了便于财政部门对基础设施未来养护费用做长期规划，咨询公司提出礼泉县未来20年现有基础设施资产的预计养护费用估算，供有关主管部门进行财务资金规划时参考。

表4-28　　礼泉县基础设施全生命周期预计养护费用估算表　　　单位：万元

年份	道路养护	排水设施养护	路灯养护	合计	当年预计需大修数量	
					道路（公里）	排水管道（公里）
2020	422.80	67.52	23.52	513.84		0.8
2021	439.47	67.52	23.52	530.51		1.73
2022	446.57	67.52	23.52	537.61	2.3	
2023	450.74	67.52	23.52	541.78		
2024	462.99	67.52	23.52	554.03		8
2025	463.31	67.52	23.52	554.35		1.96
2026	465.14	67.52	23.52	556.18	2	5
2027	470.34	67.52	23.52	561.38		4.42
2028	474.39	67.52	23.52	565.43	0.43	
2029	484.15	67.52	23.52	575.19	4.32	
2030	484.47	67.52	23.52	575.51		

续表

年份	道路养护	排水设施养护	路灯养护	合计	当年预计需大修数量	
					道路（公里）	排水管道（公里）
2031	484.47	67.52	23.52	575.51		2
2032	487.56	67.52	23.52	578.60	4.72	
2033	489.88	67.52	23.52	580.92	5.03	
2034	493.50	67.52	23.52	584.54	4.25	
2035	493.69	67.52	23.52	584.73	0.47	
2036	493.69	67.52	23.52	584.73		
2037	493.69	67.52	23.52	584.73		
2038	493.69	67.52	23.52	584.73		
2039	493.69	67.52	23.52	584.73		

4.2.6 铺镇

根据在 2019 年开展的基础设施资产登记的情况，铺镇现有道路 10.35 公里，排水管道 13.46 公里，供水管道 15.31 公里，自来水厂 1 个，污水处理厂 1 个，垃圾转运站 1 个。（详细的基础设施清单请参见《铺镇基础设施资产登记报告》2019 年。）

铺镇现有资产规模和运行维护单位的基本情况见表 4-29。

表 4-29　　　　铺镇基础设施资产规模及运行维护单位

设施类型	设施名称	单位	数量	运行维护单位
道路	沥青道路	公里	7.38	汉台区铺镇政府
	水泥道路	公里	2.61	
	其他道路	公里	0.36	
	小计		10.35	

续表

设施类型	设施名称	单位	数量	运行维护单位
排水管道	雨水管道	公里	4.10	汉台区铺镇政府
	污水管道	公里	9.38	
	雨污合流管道	公里		
	小计		13.48	
检查井	雨水检查井	座	119	汉台区铺镇政府
	污水检查井	座	277	
	雨污合流检查井	座		
	小计		396	
路灯	高杆灯（20米以上）	基		汉台区铺镇政府
	中杆灯（15~20米）	基		
	10~15米灯	盏	11	
	10米以下灯	盏	281	
	小计		292	
环卫设施	生活垃圾处理场（厂）	个		汉台区铺镇政府
	垃圾转运站	个	1	
	公共厕所	个	3	
供水设施	自来水厂	个	1	汉台区铺镇自来水有限公司
	供水管道	公里	15.31	
	供水泵站	个		
燃气设施	天然气供应站	座		汉中新希望天然气公司
	天然气管道	公里	4.25	
	液化石油气供应站	座		
电力设施	变电站	座	1	汉中市电力局
	架空输电线	公里	19.1	
	地下电缆沟	公里		
邮电通讯设施	弱电线路沟	公里	1	汉台区铺镇政府陕西广电网络汉中分公司中国电信汉中分公司
	通讯杆线	公里		

铺镇产权归属市政的基础设施资产包括道路交通设施、排水设施、园林绿地、环卫设施和城市防灾设施等，资产详细信息见表4-30。

表4-30　　　　　　　铺镇市政基础设施资产汇总表

资产类别	资产内容	单位	数量		资产原值（万元）		当前净值（万元）
			总计	其中2015年之后	总计	其中2015年之后	
	合计				22486.11	2679.11	11377.92
排水设施	排水管、渠	公里	13.48	8.29	2100.6	295.6	1420.65
	泵站	个					
	污水处理厂	个					
道路交通设施	城市道路	公里	10.37	4.4	20014.6	2304.6	9629.54
	桥梁	座					
	路灯	个	292	292	78.91	78.91	72.36
环卫设施	生活垃圾处理场（厂）	个					
	垃圾转运站	个	1		230		199.33
	公共厕所	个	3		62		56.04
城市防灾设施	防洪堤	个					
	防洪枢纽	个					
	排洪沟	公里					

根据资产登记情况，铺镇的市政基础设施主要是道路和排水设施。目前铺镇大多数道路和排水设施都是近几年利用世行贷款资金新建的，因此目前运行状况较好。铺镇镇区内的兴汉路和铺汉路两条境内公路，分别由汉中市公路局和汉台区农村道路管理局负责管理和运营维护，其他道路和排水管道都由铺镇镇政府负责管理。但由于铺镇作为一个镇级政府，并没有专门的城建部门，缺乏进行基础设施养护的技术能力和资金。目前铺镇只有镇区街面的清扫保洁、洒水、垃圾外运、绿化管护、路灯维护等工作通过外包委托给

第三方服务公司——汉中洪康保洁清运有限公司承担，年承包费用约100万元；铺镇现在基础设施的一般维修工作主要由镇城管和公用事业站负责，但还没有建立基础设施的养护制度。通过现场勘察我们发现，一些新建的基础设施资产已经需要进行一些必要的养护，以维持资产长期处于比较优良的运行状态。

铺镇新建基础设施的基础资料比较完整，但需要尽快建立起规范的档案管理制度，同时将产权归属市政的所有资产在镇政府有关部门进行财务登记。

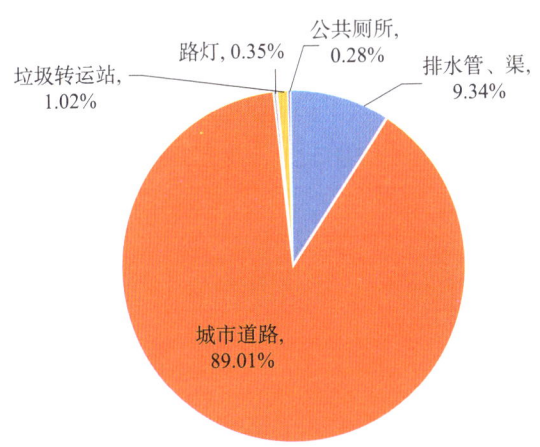

图 4-24　铺镇基础设施资产价值分布图

通过图4-24可以看出，铺镇现有道路、排水管道等基础设施很多是在2016年之后由世行项目建成的，2016年之前建成的基础设施，主要是由汉中市公路局和汉台区农村道路管理局负责管理维护的兴汉路和铺汉路两条境内公路，以及2010年建成的民主路、西二路及排水设施。

目前铺镇道路、排水和路灯等基础设施虽然运行状况尚好，但街面占道经营和施工情况比较普遍，临界商铺在路面搅拌装修水泥，

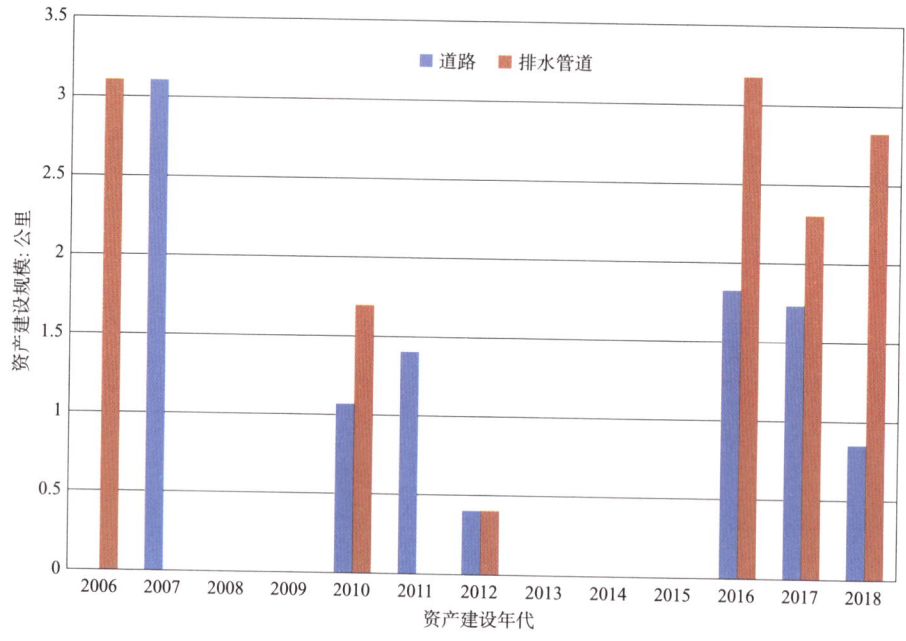

图 4-25　铺镇基础设施建设年代分析图

使一些路面受泥灰、砂浆、水泥污染比较严重；雨水边井有商户倾倒油污现象，检查井内爬梯锈蚀严重。新建管道需要进行清理疏通等工作。

根据铺镇目前资产状况和年限，铺镇 2020 年需要安排基础设施运行维护工程费用 41.2 万元，详细的费用估算见表 4-31 所示。

表 4-31　　　　铺镇 2020 年基础设施运行维护费用估算

设施类型	设施名称	使用年限/规格	单位	单价	数量	年运行维护费用估算（元）
日常巡检			公里	1500	5.50	8247
道路	沥青道路	5 年以下	平方米	2.85	24214	69010
		5 年~10 年以下	平方米	3.42		—
		10 年~15 年以下	平方米	3.99		—
		15 年以上	平方米	4.33		—

续表

设施类型	设施名称	使用年限/规格	单位	单价	数量	年运行维护费用估算（元）
道路	水泥道路	10年以下	平方米	1.28	25405	32391
		10年~15年以下	平方米	1.88		–
		15年以上	平方米	2.48		–
	其他道路		平方米	3	1963.50	5891
	人行道		平方米	2.16	9600	20736
小计					61182	128027
排水管道	雨水管道	小型雨水管道	米	15	3890	58350
		中型雨水管道	米	10.4	210	2184
		大型雨水管道	米	10		–
		特大型雨水管道	米	9		–
	污水管道	小型污水管道	米	15	8470	127050
		中型污水管道	米	10.4	910	9464
		大型污水管道	米	6		–
		特大型污水管道	米	6		–
小计					13480	197048
检查井	雨水检查井		座	55	119	6545
	污水检查井		座	160	277	44320
小计					396	50865
路灯	高杆灯	20米以上	盏	800		
	中杆灯	15~20米	盏	500		–
	10~15米灯		盏	150		–
	10米以下灯		盏	100	281	28100
小计					281	28100
合计						412287

根据现有资产的设计使用年限和功能衰减速度，为了便于财政部门对基础设施未来养护费用做长期规划，咨询公司提出铺镇未来20年现有基础设施资产的预计养护费用估算，供有关主管部门进行财务资金规划时参考。

表4-32　　铺镇基础设施全生命周期预计养护费用估算表　　单位：万元

年份	道路养护	排水设施养护	路灯养护	合计	当年预计需大修数量	
					道路（公里）	排水管道（公里）
2020	13.63	24.79	2.81	41.23		
2021	14.34	24.79	2.81	41.94		
2022	14.83	24.79	2.81	42.43		
2023	15.14	24.79	2.81	42.74		
2024	15.91	24.79	2.81	43.51		
2025	15.91	24.79	2.81	43.51		
2026	17.02	24.79	2.81	44.62		
2027	17.51	24.79	2.81	45.11		
2028	18.04	24.79	2.81	45.64		
2029	18.81	24.79	2.81	46.41		
2030	18.81	24.79	2.81	46.41		
2031	18.81	24.79	2.81	46.41	1.07	
2032	19.10	24.79	2.81	46.70	1.82	
2033	19.40	24.79	2.81	47.00	0.63	
2034	19.85	24.79	2.81	47.45	0.85	
2035	19.85	24.79	2.81	47.45		
2036	19.85	24.79	2.81	47.45		
2037	19.85	24.79	2.81	47.45		3.1
2038	19.85	24.79	2.81	47.45	1.5	
2039	19.85	24.79	2.81	47.45		

4.2.7 武功镇

根据 2019 年资产登记的情况，武功镇现有道路 16 公里，排水管道 18 公里，供水管道 0.2 公里，自来水厂 1 个，污水处理厂 1 个，垃圾处理厂 1 个。（详细的基础设施清单请参见《武功镇基础设施资产登记报告》2019 年。）

武功镇现有资产规模和运行维护单位的基本情况见表 4-33。

表 4-33　　　武功镇基础设施资产规模及运行维护单位

设施名称	设施类型	单位	数量	运行维护单位
道路	沥青道路	公里	4.66	武功镇人民政府 武功镇交通运输局
	水泥道路	公里	11.75	
	其他道路	公里		
	小计		16	
排水管道	雨水管道	公里	5.41	武功镇人民政府 武功镇污水处理厂
	污水管道	公里	12.91	
	雨污合流管道	公里		
	小计		18	
检查井	雨水检查井	座	175	武功镇人民政府
	污水检查井	座	778	
	雨污合流检查井	座		
	小计		953	
桥梁	钢筋混凝土桥	座	1	咸阳市公路局 武功县交通局 武功镇镇政府
	钢结构桥	座		
	石拱桥	座		
	人行天桥	座		
	小计		1	
路灯	高杆灯（20 米以上）	基		武功镇人民政府
	中杆灯（15~20 米）	基		
	10~15 米灯	盏	12	
	10 米以下灯	盏	316	

续表

设施名称	设施类型	单位	数量	运行维护单位
	小计		328	
环卫设施	生活垃圾处理场（厂）	个	1	武功镇人民政府 武功镇城管局
	垃圾转运站	个		
	公共厕所	个	5	
供水设施	自来水厂	个	1	武功镇人民政府 武功镇自来水公司
	供水管道	公里	0.2	
	供水泵站	个	1	
燃气设施	天然气供应站	座	1	玉祥天然气公司
	天然气管道	公里	2.4	
	液化石油气供应站	座		
电力设施	变电站	座	1	武功县电力公司
	架空输电线	公里	136.02	
	地下电缆沟	公里		
邮电通讯设施	弱电线路沟	公里	7.42	电信、移动、联通公司 武功县广电网络
	通讯杆线	公里	6.05	

武功镇产权归属市政的基础设施资产包括道路交通设施、排水设施、园林绿地、环卫设施和城市防灾设施等，资产详细信息见表 4-34。

表 4-34　　　　　　武功镇市政基础设施资产汇总表

资产类别	资产内容	单位	数量 总计	数量 其中2015年之后	资产原值（万元）总计	资产原值（万元）其中2015年之后	当前净值（万元）
	合计				24539.24	17838.44	20162.21
排水设施	排水管、渠	公里	18.32	14.74	1546.53	1476.83	1492.15
	泵站	个					
	污水处理厂	个	1	1	2736	2736	2626.56

续表

资产类别	资产内容	单位	数量 总计	其中2015年之后	资产原值（万元）总计	其中2015年之后	当前净值（万元）
道路交通设施	城市道路	公里	16.45	9.28	5982.35	2226.62	3872.19
	桥梁	座	1		650		390
	路灯	个	328	306	393.11	346.74	372.31
园林绿地	公园	个	1	1	6199.4	6199.4	5786.11
	广场	个	2	2	4726.43	4726.43	4411.33
	行道树	株	918	918	91.92	91.92	88.94
环卫设施	生活垃圾处理场（厂）	个	1		2179		1089.5
	垃圾转运站	个					
	公共厕所	个	5	5	34.5	34.5	33.12

根据资产登记情况，武功镇的市政基础设施主要是道路和排水设施。目前武功镇大多数道路和排水设施都是近几年利用世行贷款资金新建的，因此运行状况较好。除了杨临路路面由武功县交通运输局负责管理以外，其他市政基础设施都由武功镇镇政府进行管理

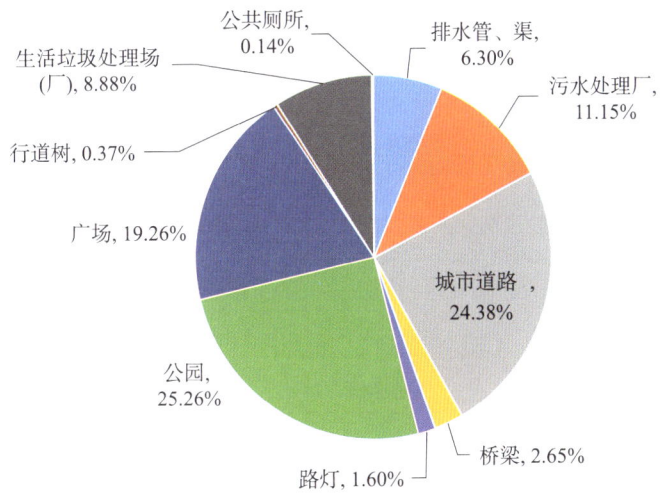

图 4-26　武功镇基础设施资产价值分布图

和维护。但由于武功镇作为一个镇级政府,并没有专门的城建部门,缺乏进行基础设施养护的技术能力和资金。

通过图4-27可以看出,武功镇现有道路、排水管道等基础设施大多是在2018年之后由世行项目建成的,镇区内最早的道路杨临路是在2005年建成的,但归属武功县交通运输局管理和维护,其他道路、排水设施也都是在2012年之后建成。

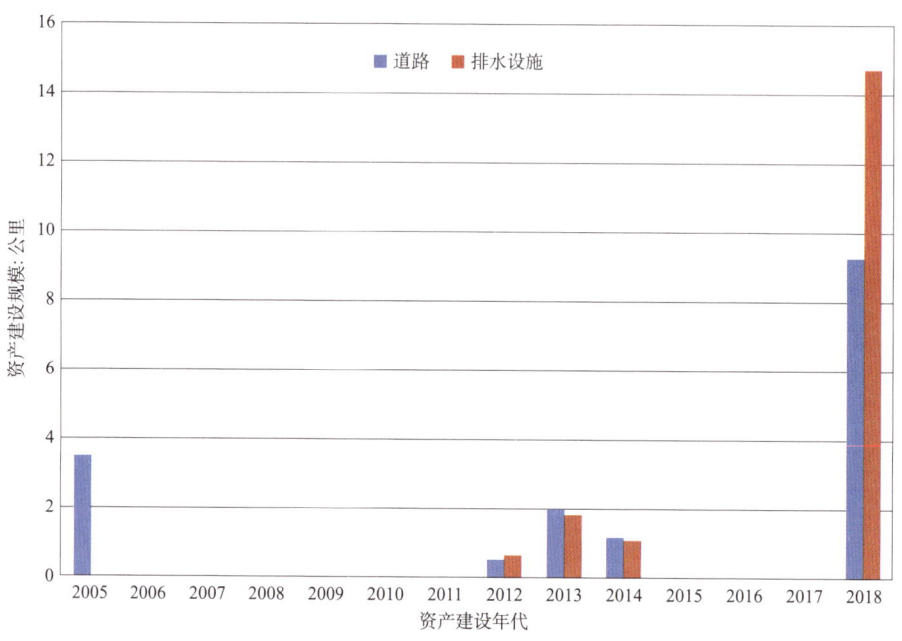

图4-27 武功镇基础设施建设年代分析图

通过现场勘察我们发现,道路明显缺乏日常性养护,沥青路面多处出现裂纹,水泥路面也有裂纹、路面破损现象。雨水边井内垃圾较多,临街商户有直接倾倒泔水到井中现象,很容易造成管道堵塞。

根据武功镇目前资产状况和年限,武功镇2020年需要安排基础设施运行维护工程费用63.2万元,详细的费用估算见表4-35所示。

表 4-35　　武功镇 2020 年基础设施运行维护费用估算

设施类型	设施名称	使用年限/规格	单位	单价	数量	年运行维护费用估算（元）
	日常巡检		公里	1500	12.91	19362
道路	沥青道路	5 年以下	平方米	2.85	10646	30341
		5 年~10 年以下	平方米	3.42	—	—
		10 年~15 年以下	平方米	3.99	—	—
		15 年以上	平方米	4.33	—	—
	水泥道路	10 年以下	平方米	1.28	42969	54786
		10 年~15 年以下	平方米	1.88	—	—
		15 年以上	平方米	2.48	—	—
	其他道路		平方米	3	—	—
	人行道		平方米	2.16	64713	139781
	小计				118329	224908
排水管道	雨水管道	小型雨水管道	米	15	1040	15600
		中型雨水管道	米	10.4	4370	45448
		大型雨水管道	米	10	—	—
		特大型雨水管道	米	9	—	—
	污水管道	小型污水管道	米	15	5410	81150
		中型污水管道	米	10.4	4140	43056
		大型污水管道	米	6	3360	20160
		特大型污水管道	米	6	—	—
	小计				18320	205414
检查井	雨水检查井		座	55	175	9625
	污水检查井		座	160	778	124480
	小计				953	134105
桥梁	钢筋混凝土桥		座	15000	1	15000
	人行天桥		座	10000	—	—
	小计				1	15000

续表

设施类型	设施名称	使用年限/规格	单位	单价	数量	年运行维护费用估算（元）
路灯	高杆灯	20米以上	盏	800		
	中杆灯	15~20米	盏	500		—
	10~15米灯		盏	150	12	1800
	10米以下灯		盏	100	316	31600
小计					328	33400
合计						632189

根据现有资产的设计使用年限和功能衰减速度，为了便于财政部门对基础设施未来养护费用做长期规划，咨询公司提出武功镇未来20年现有基础设施资产的预计养护费用，供有关主管部门进行财务资金规划时参考。

表4-36　　武功镇基础设施全生命周期预计养护费用估算表　　单位：万元

年份	道路养护	排水设施养护	路灯养护	桥梁养护	合计	当年预计需大修数量	
						道路（公里）	排水管道（公里）
2020	24.43	33.95	1.5	3.34	63.22		
2021	27.17	33.95	1.5	3.34	65.96		
2022	27.17	33.95	1.5	3.34	65.96		
2023	27.17	33.95	1.5	3.34	65.96		
2024	28.36	33.95	1.5	3.34	67.15		
2025	28.61	33.95	1.5	3.34	67.40		
2026	28.61	33.95	1.5	3.34	67.40		
2027	28.61	33.95	1.5	3.34	67.40		
2028	28.61	33.95	1.5	3.34	67.40		
2029	31.54	33.95	1.5	3.34	70.33		

续表

年份	道路养护	排水设施养护	路灯养护	桥梁养护	合计	当年预计需大修数量	
						道路（公里）	排水管道（公里）
2030	31.79	33.95	1.5	3.34	70.58		
2031	31.79	33.95	1.5	3.34	70.58		
2032	31.79	33.95	1.5	3.34	70.58		
2033	31.79	33.95	1.5	3.34	70.58	0.52	
2034	33.91	33.95	1.5	3.34	72.70	3.13	
2035	33.91	33.95	1.5	3.34	72.70	1.18	
2036	33.91	33.95	1.5	3.34	72.70		
2037	33.91	33.95	1.5	3.34	72.70		
2038	33.91	33.95	1.5	3.34	72.70		
2039	33.91	33.95	1.5	3.34	72.70	8.12	

第五章
资产财务管理

资产财务管理的基本要求
资产价值的确定方法
市政基础设施资产的账务处理办法

5.1 资产财务管理的基本要求

为了规范政府公共基础设施的会计核算,提高会计信息质量,2017年4月,财政部以财会〔2017〕11号公布了《政府会计准则第5号—公共基础设施》。根据该准则的规定,市政基础设施属于公共基础设施的一部分,政府会计主体应当根据公共基础设施提供公共产品或服务的性质或功能特征对其进行分类确认。对于应当确认但尚未入账的存量公共基础设施,政府会计主体应当在该准则首次执行日按照相关的原则确定其初始入账成本。通常情况下,应当由按规定对其负有管理维护职责的政府会计主体予以确认。多个政府会计主体共同管理维护的公共基础设施,应当由对该资产负有主要管理维护职责或者承担后续主要支出责任的政府会计主体予以确认。分为多个组成部分由不同政府会计主体分别管理维护的公共基础设施,应当由各个政府会计主体分别对其负责管理维护的公共基础设施的相应部分予以确认。负有管理维护公共基础设施职责的政府会计主体通过政府购买服务方式委托企业或其他会计主体代为管理维护公共基础设施的,该公共基础设施应当由委托方予以确认。该准则要求从2018年1月1日开始实施。《政府会计准则第5号—公共基础设施》的颁布,是我们国家第一次明确将公共基础设施列入政府会计核算范围,在中国公共基础设施管理上具有非常重要的意义。

5.2 资产价值的确定方法

根据调查的情况我们发现，市政基础设施进行财务记账管理，最困难的是确定资产的价值。一方面，由于近年来机构改革、人员变动等原因，中国很多小城镇基础设施的原始资料都很难获得；另一方面，对于新建基础设施，也存在确定会计主体单位、如何确定单项资产价值的问题。

（1）新建资产的移交和价值确定

根据最新颁布的政府会计准则的要求，政府会计主体自行建造的公共基础设施，其成本包括完成批准的建设内容所发生的全部必要支出，包括建筑安装工程投资支出、设备投资支出、待摊投资支出和其他投资支出。已交付使用但尚未办理竣工决算手续的公共基础设施，应当按照估计价值入账，待办理竣工决算后再按照实际成本调整原来的暂估价值；同时应当根据公共基础设施提供公共产品或服务的性质或功能特征对其进行分类确认。

根据以上原则，对于新建资产，由于工程施工合同往往是多项单项工程打包实施，即一个合同中可能同时包含了道路、排水管道、路灯等设施，但在进行资产移交和财务登记时，需要填写资产交接清单，按照资产的类别分别予以确认价值。

对于已交付使用但尚未办理竣工决算手续的公共基础设施，应当按照估计价值入账，待办理竣工决算后再按照实际成本调整原来的暂估价值。

同时，建设单位应该将基础设施相关的合同、设计文件、竣工验收报告等资料交付记账单位进行存档保存。

表 5-1　　　　　　　　　　资产交接清单格式

设施类型	名称和位置	资产规格	资产价值	资产状况	产权归属单位	备注
道路						
桥梁						
路灯						
雨水管道						
污水管道						
泵站						

（2）改扩建项目的资产价值确认和记账

基础设施在使用过程中，如果进行过大修、扩建等工程，使基础设施使用寿命得以延长的，其成本应按照原公共基础设施账面价值加上改建、扩建等建造活动发生的支出，再扣除公共基础设施被替换部分的账面价值后的金额确定，登记的资产使用年限也应相应增加。

（3）以前建设基础设施资产的价值确认和记账

对于以前建设的基础设施资产，由于很多基础资料缺失，根据《政府会计准则第5号—公共基础设施》的内容，对这类资产的价值确认也进行了明确的规定。

①可以取得相关原始凭据的，其成本按照有关原始凭据注明的金额减去应计提的累计折旧后的金额确定。

②没有相关凭据可供取得，但按规定经过资产评估的，其成本按照评估价值确定。

③没有相关凭据可供取得，也未经资产评估的，其成本按照重置成本确定。

(4)重置成本法的应用方法

重置成本法,即根据与评估资产完全相同或功能相同的全新资产的成本,然后扣减在使用进程中的自然磨损、技术进步或外部经济环境导致的各种贬值,作为评估资产的价值。重置成本法的具体步骤如下。

①重置成本法计算公式

评估值 = 重置成本 × 成新率

重置成本 = 工程造价 + 前期及其他费用

②工程造价的确定

主要依据对资产的现场勘察记录、当地类似项目的竣工决算报告或者结算资料、当地现行的工程造价(预算)定额和取费标准、评估基准日建筑材料市场价格,参照当地相应的工程类的规定,比如《市政工程消耗量定额及单位估价表》《市政工程定额》来确定直接工程费。再根据《市政工程费用定额》等标准计算措施费、间接费、利润、税金等,然后计算工程造价。

工程造价 = 直接工程费 + 措施费 + 间接费 + 利润 + 税金

③前期及其他费用

参照当地有关市政工程的规定,确定前期及其他费用。主要包括规划设计费、勘察设计费、建设单位管理费等。

④成新率的确定

成新率的确定仅考虑实体性贬值,主要根据勘察的市政基础设施的各组成部分现状,包括已使用年限、设施的损耗情况、设施的服务水平、设施的老化程度以及其他因素恰当地综合评定。

确定成新率考虑的因素包括:①使用材料的质量。因部分市政基础设施年代比较早，所用材料可能会与现在材料差别比较大。比如早期的供水管道因使用铸铁材料而造成的漏水。②外立的破坏。市政基础设施是比较容易受外力破坏的，比如，超载对道路的破坏，人为因素对健身器材的破坏。③建设的设计和质量。设施当时的建设质量对资产的价值影响非常大，比如因地基处理不好引起的道路下陷。④内部管理的缺陷。比如消防栓因安装缺陷无法供水等。工程类专业人员根据以上综合因素确定成新率。

成新率的确定也可以使用简易办法来确定，根据现场勘测，按照以上因素分析实体性贬值，确定耐用年限，以耐用年限为主确定成新率，其计算公式为：成新率 =[1-（已使用年限/耐用年限）]×100%。

5.3 市政基础设施资产的账务处理办法

以下市政基础设施账务处理办法仅指行政事业单位管理的市政基础设施，企业管理的市政基础设施的账务处理按《企业会计制度》的规定。

（1）科目的设置

为了核算市政基础设施增减变动情况，行政单位按照《行政单位会计准则》的规定设置"公共基础设施—市政基础设施"科目。建议事业单位也进行这样的科目设置，将固定资产和市政基础设施进行区别。

（2）市政基础设施的后续计量和维护

基础设施的改扩建费用，可以增加公共基础设施使用效能或延长其使用年限而发生的改建、扩建等后续支出,应当计入市政基础设施成本。

日常的维修和保养支出,为维护公共基础设施的正常使用而发生的日常维修、养护等后续支出,应当计入当期费用,不得计入市政基础设施的成本。

(3)市政基础设施的折旧管理

按照《政府会计准则第 5 号——公共基础设施》,应当按月计提折旧,并计入当期费用。当月增加的公共基础设施,当月开始计提折旧;当月减少的公共基础设施,当月不再计提折旧。

处于改建、扩建等建造活动期间的公共基础设施,应当暂停计提折旧。因改建、扩建等原因而延长市政基础设施使用年限的,应当按照重新确定的公共基础设施的成本和重新确定的折旧年限计算折旧额,不需调整原已计提的折旧额。

市政基础设施提足折旧后,无论能否继续使用,均不再计提折旧;已提足折旧的公共基础设施,可以继续使用的,应当继续使用,并规范实物管理。提前报废的公共基础设施,不再补提折旧。

(4)市政基础设施的处置

处置必须经批准。行政事业单位管理的市政基础设施向其他单位移交、毁损、报废时,应当按照规定经批准后进行账务处理。

无偿调出和对外捐赠的处理办法。行政事业单位经批准向其他单位移交市政基础设施时,按照移交市政基础设施的账面价值予以转销,无偿调出、对外捐赠中发生的归属于调出方、捐出方的相关费用应当计入当期费用。

报废或遭受重大毁损的处理办法，行政事业单位应当在报经批准后将公共基础设施账面价值予以转销，并将报废、毁损过程中取得的残值变价收入扣除相关费用后的差额按规定做应缴款项处理（差额为净收益时）或计入当期费用（差额为净损失时）。

5.4 基础设施会计主体的确认

按照《政府会计准则第 5 号—公共基础设施》的规定，市政基础设施应当由按规定对其负有管理维护职责的政府会计主体予以确认。多个政府会计主体共同管理维护的公共基础设施，应当由对该资产负有主要管理维护职责或者承担后续主要支出责任的政府会计主体予以确认。

第六章
资产管理信息系统

为了进行基础设施的资产登记，规范化资产管理工作，结合世行贷款陕西省小城镇基础设施建设项目资产管理工作的需要，海立信公司为项目区县专门开发了一套资产管理信息系统，用于当地城建部门对市政基础设施资产的运行管理工作，同时实现当地所有资产管理部门的数据共享。

资产管理信息系统包括资产登记、项目建设信息、资产损坏信息登记、运行维护计划、地理信息系统等五个功能模块，由当地住建部门作为主要管理机构，其他不同类型资产的管理机构通过授权进行资产登记和维护。资产管理系统在应用中，一方面和当地的基础设施建设审批程序相结合，使资产登记、报修、维修制度常态化；另一方面可根据登记入库的资产类型、年限、使用状况、维修记录等信息，根据测算模型自动生成下一年度的资产养护资金预算和未来全生命周期的养护资金预测，为当地的财政部门进行运行维护资金安排提供支持和帮助。

（1）资产信息登记

按照不同的资产运行管理部门，对所管理的市政基础设施资产按照相应的统计指标体系进行登记，包括资产的物理参数、资产价值、管理信息等，并对资产登记信息进行统计和汇总。

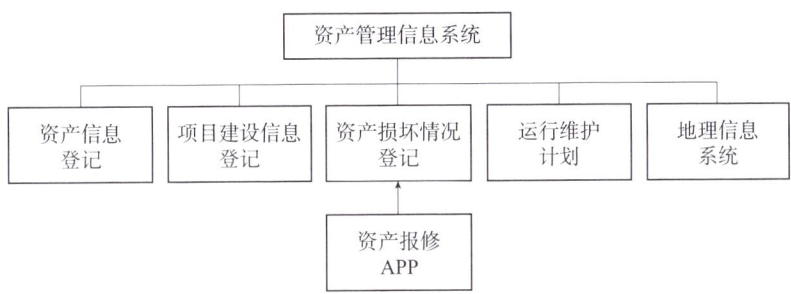

图6-1　资产管理信息系统框架结构图

图6-2　资产管理系统登录界面

（2）项目建设信息登记

以建设单位为主体，对新建的基础设施项目进行登记，包括建设内容、竣工决算金额等。

（3）资产损坏情况登记

根据基础设施资产日常巡检情况，对资产损坏情况及时登记，并根据系统提供的运行维护参考模型，制定初步的维修施工方案和资金预算。巡检人员对资产损坏情况的登记，可以通过电脑端录入，也可以通过手机APP拍照上传和录入，在经过相关管理人员审核后提交处理。

图6-3　资产登记操作界面

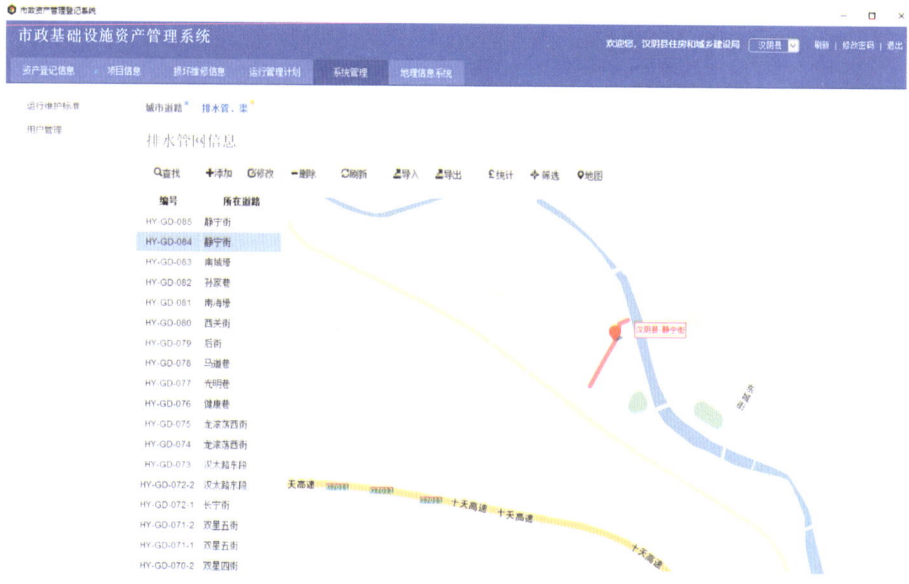

图6-4　资产地理位置显示界面

第六章 资产管理信息系统　127

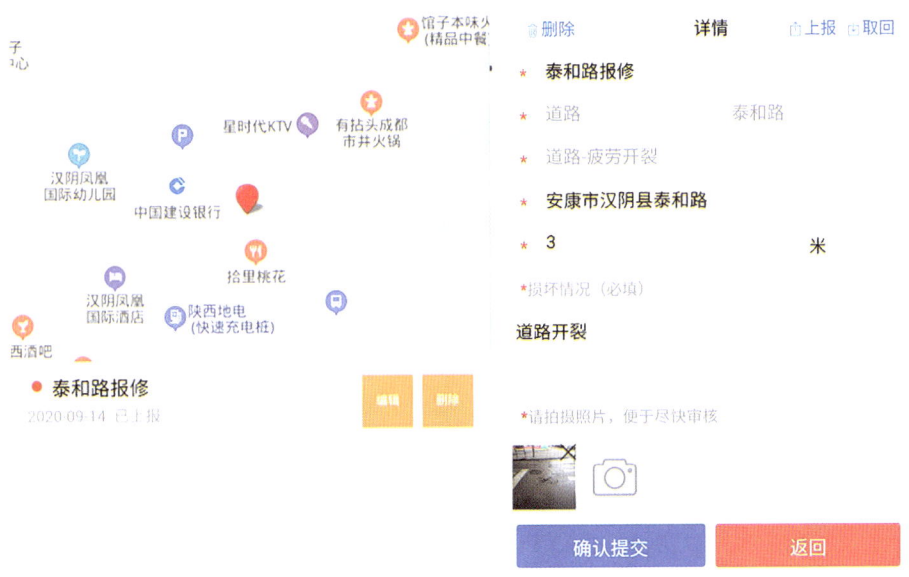

图 6-5　资产管理系统手机 APP 报修界面

图 6-6　资产管理信息系统运行维护计划表

（4）运行维护计划

根据数据库中登记的基础设施资产物理信息和损坏情况，生成年度的运行维护预算和计划；根据资产运行规律，生成全生命周期的运行维护预算和计划。

（5）地理信息系统

基础设施管理借助先进的地理信息技术，将基础设施数据矢量化处理，三维立体显示，可以对工程技术人员进行施工设计、检修维护提供强大的信息支持，也可以很大程度上减少错挖乱挖事故。本项目以汉阴县为试点，设计开发了三维的地理信息系统，主要功能包括以下几方面。

①数据的输入与输出。数据的输入与输出主要实现了管线普查数据、管线竣工数据、基础地形数据与系统进行数据交换，是实现系统管线数据、地形数据的维护和更新的重要手段，是实现数据共享的有效方式。

②地图管理与显示。地图管理与显示主要实现基础地形数据的

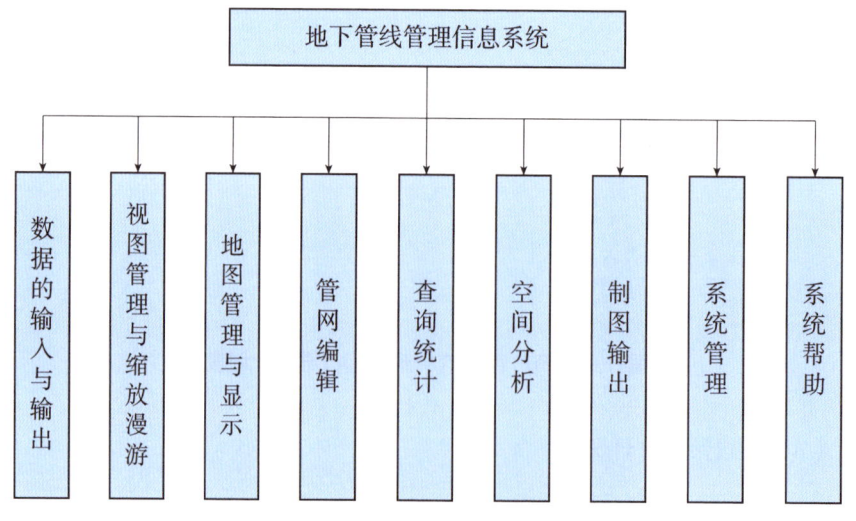

图 6-7　地理信息系统功能示意图

图 6-8　地理信息系统三维地下管线图

加载与卸载、动态标注的显示、符号化管线要素、设置地图要素的可见性与可选性、设置地图背景、设置选择集颜色等功能。

③管线信息查询。

分层显示。按照国家标准和行业标准，进行图形分类代码设计，分幅分层建库管理，因而可以分层显示公路、铁路、植被、河流、居民点等。特别是可以地形图为背景，叠加给水、排水、电力、电信、工业管线、人防等管（沟）道、直埋电缆等任何一种管线及附属设施，然后查询其专业属性数据，以便掌握各类管线要素在地面的分布情况，真正实现综合管网数据的可视化和信息化管理。

高度控制显示。利用此功能可显示某一高度或某一高度范围内的管线。使用高度控制显示，在一定范围内限制了一些管线的显示，使图面始终保持清洁，便于用户对所需管线的选择和查询。如可以选择大于或者小于某一高度值的所有管线。利用此功能给管线的维护、施工和管理提供全面、准确的参考。

空间定位。根据提供的属性数据反向查询即定位管线、居民点、道路、沟渠等在电子地图上的位置，并将其显示于计算机屏幕中央。属性数据反向查询包括精确查询和模糊查询。城市的综合管线、建筑物、道路、沟渠等实体名称累计数以万计，直接在电子地图上寻找其位置，相当于大海捞针。但利用此功能可在数秒种内将其定位在计算机屏幕中央，详尽地显示与周围地物的相互关系。

空间查询。根据用户需要进行专题查询、区域查询、属性查询和条件查询，获得所需要的各种管线信息。

量测功能。可量测图面上任意线路的长度、任意区域的周长和面积等。

④管线信息统计。系统统计报表管理功能将是管理人员使用频率最高的一个功能模块，一定要紧密结合综合管网的实际情况，设计出丰富的统计报表功能。统计结果可以图表的形式显示，如表格数据、饼状图、柱状图、曲线图等，以便生产管理人员直观、形象地了解生产情况。总之，生产管理者要什么有什么，真正实现了"所见即所得"。

⑤管线信息分析。

断面分析。可对任意管线做横断面分析和纵断面分析，并生成标准规范的断面图，便于在施工时正确掌握管线的埋深及管线之间的相互关系，以便正确开挖管线和新增管线的规划。

爆管分析。分析自来水、电力、天然气、热力等管线泄漏所影响区域内的要素，如其他管线、建筑、道路等，并根据经验知识，生成抢修预案。

当管线突发爆管等事故时，用户只需指定爆管处，系统将能够制定出合理的处理方案，以便及时排除故障。利用该功能，可快速找出距管道爆裂处最近的阀门，以便及时关闭，辅助有关人员进行抢修，降低事故引起的损失。

区域三维。在电子地图上划定某一区域，显示该区域的三维模型，并可从不同视角观看该区域管线的三维模型。利用此功能，可全面了解管线在空间的分布情况。

扯旗分析。在图上任意位置绘制扯旗线，则可分析出与该扯旗线相交管段的管类、材质、规格、埋深等属性，并以图表的方式进行显示。

覆土深度、水平净距、垂直净距分析。覆土深度分析、水平净距分析、垂直净距分析实现管线数据的规范性分析，将根据系统内置的国家管线敷设规范数据库，检核管线数据是否在覆土深度、水平净距、垂直净距等各方面符合相应规范，并对不规范的数据进行提示。

⑥制图输出模块。可按单幅、多幅或指定范围为条件，直接输出图件。并可生成各种比例尺的整饰图件，以便规划设计、工程施工等直接引用。

为了保证资产管理信息系统能够真正发挥作用，资产基础信息能够随时更新，在资产管理信息系统实现多部门数据共享的基础上，需要资产管理主管部门在新建基础设施项目竣工验收之前，加入对新建基础设施的资产登记信息进行审查的环节，在确保资产登记信息完整后，才能办理竣工验收手续。同时根据日常巡检对资产损坏情况进行登记和维修。

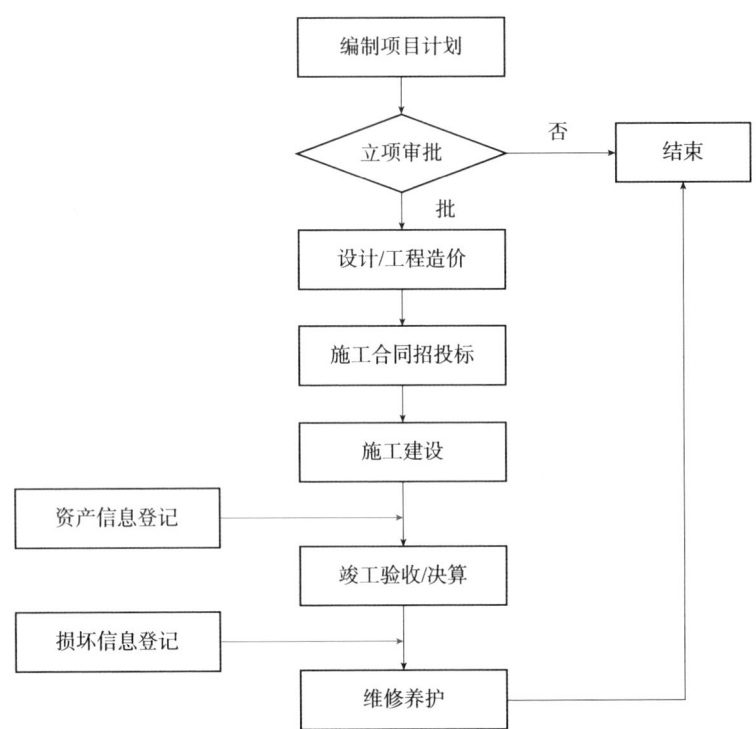

图6-9 项目竣工验收审批流程建议增加的资产信息和损坏信息登记环节

第七章
结论和建议

世行项目资产管理工作取得的成效
中国小城镇开展资产管理工作的建议

7.1　世行项目资产管理工作取得的成效

陕西小城镇基础设施建设项目中开展的资产管理研究和实践工作，提高了各级部门管理人员的资产管理理念，对项目区县的基础设施资产管理水平起到积极的推动作用。特别是在以下几方面起到了很好的成效。

（1）通过制定资产登记标准，建立资产确权和登记制度，明确资产规模和价值

"没有一个统一的、跨部门的市政基础设施资产登记机构，市政基础设施资产家底不清"是中国大多数类似的小城镇在资产管理方面面临的关键问题之一，同时由于机构调整和人员变化等原因，很多资产资料缺失严重。本项目通过在项目区县开展全面的资产登记工作，对所有基础设施资产登记造册，同时通过开展资产价值登记和归属权调查，明确了当地资产的规模、价值和产权归属。在此基础上尝试和当地的基础设施建设行政审批程序相结合，将资产登记工作制度化、常态化。

（2）制定完善的资产运行维护计划

在国内基础设施资产的管理上，普遍存在重建轻管的现象，基

础设施建设投资巨大但缺乏必要的养护机制，也没有运行维护资金预算安排。各地对基础设施的养护方式基本是在出现功能性的损坏后才进行抢修，缺乏主动的预防性养护，使基础设施老化速度加快，使用寿命缩短，不仅基础设施服务水平下降严重，也造成更大的资金浪费。

本项目在开展资产登记、摸清家底的基础上，提出完善运行维护计划，对不同类型基础设施的运行维护内容、维护技术标准、机构和人员安排，对年度运行维护资金预算进行规划和安排，解决了如何管理，如何维护的问题，提高了资产的利用效率，以延长资产生命周期。从原有的出现问题才解决，到现有的提前进行预防性管理维护，使市政资产从被动管理转化为主动管理，从资产全生命周期的角度，达到了使用更少的资金，得到更好的资产运行状态和服务的目的。

（3）创新小城镇资产养护模式

在本项目项目区中，汉台区铺镇和武功县武功镇是两个镇级政府，没有专门的城建部门，对于项目投资新建的大量道路、排水工程等基础设施，没有养护条件和技术能力。这种情况在国内大多数小城镇也具有普遍性。通过对两个镇政府基础设施管理的需求和现状进行研究，本项目专门针对类似一般建制镇制订了资产运行管理的制度和模式，镇政府在摸清市政家底的基础上，通过专家对当地资产状况进行分析，制定详细的养护策略，对普通的预防性养护和一般小修，通过规范的方法测算工作量，通过招标，以服务外包的形式进行资产管理的运行与维护。每年年底召开公众听证会，对当年资产养护的情况、资产运行状况进行评估，制订下一年度的运行维护计划，并决定是续签养护合同还是重新招标。对于较大的功能性损坏或中修大修工程，则通过保险资金或申请上级财政资金等方式进行解决。

（4）建立和应用资产管理信息系统

建立一套有效的资产管理系统，是规范资产管理工作、提高资产管理水平的一个非常有效的手段。本项目研究和开发了适合于中国城镇基础设施管理的资产管理信息系统，包括资产登记、项目建设信息、资产损坏信息登记、运行维护计划、地理信息系统等五个功能模块，由当地住建部门作为主要管理机构，其他不同类型资产的管理机构通过授权进行资产登记和维护。资产管理系统在应用中，一方面和当地的基础设施建设审批程序相结合，使资产登记、报修、维修制度常态化；另一方面可根据登记入库的资产类型、年限、使用状况、维修记录等信息，根据测算模型自动生成下一年度的资产养护资金预算和未来全生命周期的养护资金预测，为当地的财政部门进行运行维护资金安排提供支持和帮助。同时在有些项目区县尝试和当地的智慧城市系统相结合，实现全方位的可视化资产管理。

（5）率先开展基础设施资产财务核算工作

为了解决国内基础设施资产长期无账可查的局面，财政部在近年颁布了《政府会计准则第5号—公共基础设施》，但由于基础工作薄弱，该项工作在国内大多数区县推进比较缓慢。本项目于2014年项目实施初开始进行资产登记与核算，通过开展资产价值评估和财务核算培训，在项目区县率先落实资产确权和财务记账核算工作，并进行正常的折旧核算，做到了基础设施资产有账可查，资产产权清晰。

7.2 中国小城镇开展资产管理工作的建议

世界银行贷款陕西小城镇基础设施项目在国内率先提出的小城镇资产管理的理念，及大量的创新性实践，不仅在本项目区县起到了很好的效果，也受到了世界银行的高度赞扬，世界银行专家认为陕西小城镇基础设施项目中建立的资产管理模式在中国小城镇具有很大的推广价值。本项目在市政基础设施资产管理中开展的诸多工作，是对我国解决小城镇基础设施管理问题的有益尝试和实践，在国内小城镇开展类似的资产管理工作，不仅可以提高资产的公共服务水平、延长资产使用寿命、节约投资，同时也可以为当地政府进行商业银行贷款担保、筹措资金、开展PPP项目等提供非常大的帮助。

结合在世行项目中取得的经验，我们建议应该尽快在中国小城镇普及开展资产管理工作，以实现小城镇的可持续发展。资产管理工作应将以下几方面工作作为重点。

（1）设立专门的部门，负责市政基础设施档案管理工作

我们国家的市政基础设施按照不同的类别分别由不同的部门在管理，很有必要设置一个专门的部门，负责对所有的市政基础设施资产档案进行汇总和管理，方便市政部门进行统一规划、设计审批等工作。需要归档的档案至少应该包括设计文件、完工审计报告、地图资料、维修记录等。

（2）进行基础设施资产的财务管理和入账工作

为了落实财政部2017年颁布的《政府会计准则第5号—公共基础设施》，解决目前基础设施资产长期无账可查的局面，建议在有关

市政资产管理部门尽快进行资产确权和财务记账核算工作，并进行正常的折旧核算，做到基础设施资产有账可查，资产产权清晰。

（3）建立全面的资产管理信息系统

基础设施资产数据的信息化，是提高管理效率的非常有效的手段，也是今后进行基础设施资产管理的潮流。建议在基础设施产权和维护部门之间建立共享的资产管理信息系统，和现有的审批申报制度相结合，将所有基础设施数据进行数据库管理，一方面和当地的基础设施建设审批程序相结合，使资产登记、报修、维修制度常态化；另一方面可根据登记入库的资产类型、年限、使用状况、维修记录等信息，根据测算模型自动生成下一年度的资产养护资金预算和未来全生命周期的养护资金预测，为当地财政部门进行运行维护资金安排提供支持和帮助。在有条件的城镇，还可以借助先进的地理信息技术，将基础设施数据矢量化处理，三维立体显示，可以对工程技术人员进行施工设计、检修维护提供强大的信息支持，也可以很大程度上减少错挖乱挖事故。

为了保证资产信息的即时更新，建议将资产登记制度和区县的基础设施建设行政审批制度结合起来，保证各项基础设施的产权单位和维护单位定期更新相关设施的物理信息和财务信息，并通过一个统一的行政主管部门进行审查和汇总，保证本地区市政基础设施数据的即时性和准确性，为制定投资和管理决策提供准确的依据。

（4）建立基础设施运营维护财务预算制度

根据调查，中国大多数小城镇基础设施运行维护的资金非常有限，而且基本没有年度运行维护资金预算，大多处于临时抢修后申报的情况。建议国内各级行政主管部门和财政部门能够建立起基础设施运行维护资金预算制度，以保证基础设施运营维护财务预算制度的真正落实。

（5）鼓励采用服务外包的形式开展基础设施日常养护工作

区县级住建部门虽然有专门的基础设施管理部门，但一般人员有限，维修设施也不完备，很难做到对基础设施进行比较完善的预防性养护工作。根据世界银行的分析，采用服务外包形式进行养护工作能够节省约30%的投资。为了使基础设施的养护工作能够更好的落实，建议市政部门在摸清资产家底的基础上，制定详细的养护策略，对日常的预防性养护和小修工程通过招标或公众听证会，以服务外包的形式委托专业的第三方服务机构实施，降低资产出现严重损坏的几率，使基础设施能够长期维持在较好的运行状态。

（6）从省、国家层面完善基础设施运行维护制度

在世行贷款陕西小城镇基础设施建设项目中开展的资产管理工作，为我们积累了非常有益的实践经验，但在中国大多数小城镇建立全面的基础设施运行维护制度，最终还需要各级主管部门真正认识到基础设施运行维护工作对中国小城镇发展的重要性，由国家级、省级主管部门出台和发布专门的制度和要求，在中国小城镇推广建立以预防性养护为重点的公共基础设施运行维护制度。

附件1：公共基础设施政府会计准则

《政府会计准则第5号——公共基础设施》

第一章 总 则

第一条 为了规范公共基础设施的确认、计量和相关信息的披露，根据《政府会计准则——基本准则》，制定本准则。

第二条 本准则所称公共基础设施，是指政府会计主体为满足社会公共需求而控制的，同时具有以下特征的有形资产：

（一）是一个有形资产系统或网络的组成部分；

（二）具有特定用途；

（三）一般不可移动。

公共基础设施主要包括市政基础设施（如城市道路、桥梁、隧道、公交场站、路灯、广场、公园绿地、室外公共健身器材，以及环卫、排水、供水、供电、供气、供热、污水处理、垃圾处理系统等）、交通基础设施（如公路、航道、港口等）、水利基础设施（如大坝、堤防、水闸、泵站、渠道等）和其他公共基础设施。

第三条 下列各项适用于其他相关政府会计准则：

（一）独立于公共基础设施、不构成公共基础设施使用不可缺少组成部分的管理维护用房屋建筑物、设备、车辆等，适用《政府会计准则第 3 号——固定资产》。

（二）属于文物文化资产的公共基础设施，适用其他相关政府会计准则。

（三）采用政府和社会资本合作模式（即 PPP 模式）形成的公共基础设施的确认和初始计量，适用其他相关政府会计准则。

第二章 公共基础设施的确认

第四条 通常情况下，符合本准则第五条规定的公共基础设施，应当由按规定对其负有管理维护职责的政府会计主体予以确认。

多个政府会计主体共同管理维护的公共基础设施，应当由对该资产负有主要管理维护职责或者承担后续主要支出责任的政府会计主体予以确认。

分为多个组成部分由不同政府会计主体分别管理维护的公共基础设施，应当由各个政府会计主体分别对其负责管理维护的公共基础设施的相应部分予以确认。

负有管理维护公共基础设施职责的政府会计主体通过政府购买服务方式委托企业或其他会计主体代为管理维护公共基础设施的，该公共基础设施应当由委托方予以确认。

第五条 公共基础设施同时满足下列条件的，应当予以确认：

（一）与该公共基础设施相关的服务潜力很可能实现或者经济利益很可能流入政府会计主体；

（二）该公共基础设施的成本或者价值能够可靠地计量。

第六条 通常情况下，对于自建或外购的公共基础设施，政府会计主体应当在该项公共基础设施验收合格并交付使用时确认；对于无偿调入、接受捐赠的公共基础设施，政府会计主体应当在开始承担该项公共基础设施管理维护职责时确认。

第七条 政府会计主体应当根据公共基础设施提供公共产品或服务的性质或功能特征对其进行分类确认。

公共基础设施的各组成部分具有不同使用年限或者以不同方式提供公共产品或服务，适用不同折旧率或折旧方法且可以分别确定各自原价的，应当分别将各组成部分确认为该类公共基础设施的一个单项公共基础设施。

第八条 政府会计主体在购建公共基础设施时，能够分清购建成本中的构筑物部分与土地使用权部分的，应当将其中的构筑物部分和土地使用权部分分别确认为公共基础设施；不能分清购建成本中的构筑物部分与土地使用权部分的，应当整体确认为公共基础设施。

第九条 公共基础设施在使用过程中发生的后续支出，符合本准则第五条规定的确认条件的，应当计入公共基础设施成本；不符合本准则第五条规定的确认条件的，应当在发生时计入当期费用。

通常情况下，为增加公共基础设施使用效能或延长其使用年限而发生的改建、扩建等后续支出，应当计入公共基础设施成本；为维护公共基础设施的正常使用而发生的日常维修、养护等后续支出，应当计入当期费用。

第三章 公共基础设施的初始计量

第十条 公共基础设施在取得时应当按照成本进行初始计量。

第十一条 政府会计主体自行建造的公共基础设施，其成本包括完成批准的建设内容所发生的全部必要支出，包括建筑安装工程投资支出、设备投资支出、待摊投资支出和其他投资支出。

在原有公共基础设施基础上进行改建、扩建等建造活动后的公共基础设施，其成本按照原公共基础设施账面价值加上改建、扩建等建造活动发生的支出，再扣除公共基础设施被替换部分的账面价值后的金额确定。

为建造公共基础设施借入的专门借款的利息，属于建设期间发生的，计入该公共基础设施在建工程成本；不属于建设期间发生的，计入当期费用。

已交付使用但尚未办理竣工决算手续的公共基础设施，应当按照估计价值入账，待办理竣工决算后再按照实际成本调整原来的暂估价值。

第十二条 政府会计主体接受其他会计主体无偿调入的公共基础设施，其成本按照该项公共基础设施在调出方的账面价值加上归属于调入方的相关费用确定。

第十三条 政府会计主体接受捐赠的公共基础设施，其成本按照有关凭据注明的金额加上相关费用确定；没有相关凭据可供取得，但按规定经过资产评估的，其成本按照评估价值加上相关费用确定，没有相关凭据可供取得，也未经资产评估的，其成本比照同类或类似资产的市场价格加上相关费用确定。

如受赠的系旧的公共基础设施，在确定其初始入账成本时应当考虑该项资产的新旧程度。

第十四条 政府会计主体外购的公共基础设施，其成本包括购买价款、相关税费以及公共基础设施交付使用前所发生的可归属于该项资产的运输费、装卸费、安装费和专业人员服务费等。

第十五条 对于包括不同组成部分的公共基础设施，其只有总成本、没有单项组成部分成本的，政府会计主体可以按照各单项组成部分同类或类似资产的成本或市场价格比例对总成本进行分配，分别确定公共基础设施中各单项组成部分的成本。

第四章　公共基础设施的后续计量

第一节　公共基础设施的折旧或摊销

第十六条　政府会计主体应当对公共基础设施计提折旧，但政府会计主体持续进行良好的维护使得其性能得到永久维持的公共基础设施和确认为公共基础设施的单独计价入账的土地使用权除外。

公共基础设施应计提的折旧总额为其成本，计提公共基础设施折旧时不考虑预计净残值。

政府会计主体应当对暂估入账的公共基础设施计提折旧，实际成本确定后不需调整原已计提的折旧额。

第十七条　政府会计主体应当根据公共基础设施的性质和使用情况，合理确定公共基础设施的折旧年限。

政府会计主体确定公共基础设施折旧年限，应当考虑下列因素：

（一）设计使用年限或设计基准期；

（二）预计实现服务潜力或提供经济利益的期限；

（三）预计有形损耗和无形损耗；

（四）法律或者类似规定对资产使用的限制。

公共基础设施的折旧年限一经确定，不得随意变更，但符合本准则第二十条规定的除外。

对于政府会计主体接受无偿调入、捐赠的公共基础设施，应当考虑该项资产的新旧程度，按照其尚可使用的年限计提折旧。

第十八条 政府会计主体一般应当采用年限平均法或者工作量法计提公共基础设施折旧。

在确定公共基础设施的折旧方法时，应当考虑与公共基础设施相关的服务潜力或经济利益的预期实现方式。

公共基础设施折旧方法一经确定，不得随意变更。

第十九条 公共基础设施应当按月计提折旧，并计入当期费用。当月增加的公共基础设施，当月开始计提折旧；当月减少的公共基础设施，当月不再计提折旧。

第二十条 处于改建、扩建等建造活动期间的公共基础设施，应当暂停计提折旧。

因改建、扩建等原因而延长公共基础设施使用年限的，应当按照重新确定的公共基础设施的成本和重新确定的折旧年限计算折旧额，不需调整原已计提的折旧额。

第二十一条 公共基础设施提足折旧后，无论能否继续使用，均不再计提折旧；已提足折旧的公共基础设施，可以继续使用的，应当继续使用，并规范实物管理。

提前报废的公共基础设施，不再补提折旧。

第二十二条 对于确认为公共基础设施的单独计价入账的土地使用权，政府会计主体应当按照《政府会计准则第 4 号——无形资产》的相关规定进行摊销。

第二节 公共基础设施的处置

第二十三条 政府会计主体按规定报经批准无偿调出、对外捐赠公共基础设施的，应当将公共基础设施的账面价值予以转销，无偿调出、对外捐赠中发生的归属于调出方、捐出方的相关费用应当计入当期费用。

第二十四条 公共基础设施报废或遭受重大毁损的，政府会计主体应当在报经批准后将公共基础设施账面价值予以转销，并将报废、毁损过程中取得的残值变价收入扣除相关费用后的差额按规定做应缴款项处理（差额为净收益时）或计入当期费用（差额为净损失时）。

第五章　公共基础设施的披露

第二十五条 政府会计主体应当在附注中披露与公共基础设施有关的下列信息：

（一）公共基础设施的分类和折旧方法。

（二）各类公共基础设施的折旧年限及其确定依据。

（三）各类公共基础设施账面余额、累计折旧额（或摊销额）、账面价值的期初、期末数及其本期变动情况。

（四）各类公共基础设施的实物量。

（五）公共基础设施在建工程的期初、期末金额及其增减变动情况。

（六）确认为公共基础设施的单独计价入账的土地使用权的账面余额、累计摊销额及其变动情况。

（七）已提足折旧继续使用的公共基础设施的名称、数量等情况。

（八）暂估入账的公共基础设施账面价值变动情况。

（九）无偿调入、接受捐赠的公共基础设施名称、数量等情况（包括未按照本准则第十二条和第十三条规定计量并确认入账的公共基础设施的具体情况）。

（十）公共基础设施对外捐赠、无偿调出、报废、重大毁损等处置情况。

（十一）公共基础设施年度维护费用和其他后续支出情况。

第六章　附　则

第二十六条　对于应当确认为公共基础设施、但已确认为固定资产的资产，政府会计主体应当在本准则首次执行日将该资产按其账面价值重分类为公共基础设施。

第二十七条　对于应当确认但尚未入账的存量公共基础设施，政府会计主体应当在本准则首次执行日按照以下原则确定其初始入账成本：

（一）可以取得相关原始凭据的，其成本按照有关原始凭据注明的金额减去应计提的累计折旧后的金额确定；

（二）没有相关凭据可供取得，但按规定经过资产评估的，其成本按照评估价值确定；

（三）没有相关凭据可供取得、也未经资产评估的，其成本按照重置成本确定。

本准则首次执行日以后，政府会计主体应当对存量公共基础设施按其在首次执行日确定的成本和剩余折旧年限计提折旧。

第二十八条　本准则自 2018 年 1 月 1 日起施行。

附件2：基础设施损坏情况登记表

资产名称			资产编号	
损坏位置				
损坏类型				
损坏情况描述				
损害数量		预计维修单价		预计维修费用	
现场图片				
上报人			上报日期	
处理意见				

附件 3：基础设施养护情况记录表

序号	资产名称	维修位置	维修项目	计量单位	维修数量	单价	维修金额	维修日期	说明

维修单位：　　　　　　　审批单位：　　　　　　　日期：

附件 4：市政基础设施资产日常养护工程量清单

市政基础设施资产
日常养护工程量清单

招 标 人（全称）：＿＿＿＿＿＿＿＿＿＿＿＿＿＿＿＿＿＿（单位盖章）

编 制 人（全称）：＿＿＿＿＿＿＿＿＿＿＿＿＿＿＿＿＿＿（单位盖章）

编制日期：＿＿＿＿＿＿＿＿＿＿＿＿＿＿＿＿

1. 清单编制说明

（1）编制依据：

CJJ36-2016 城镇道路养护技术规范

CJJ99-2017 城市桥梁养护技术标准

CJJ68-2016 城镇排水管渠与泵站运行、维护及安全技术规程

GB50857-2013 市政工程工程量计算规范

DG/TJ08-2215-2016 道路照明设施运行养护标准

陕西省住房和城乡建设厅有关规定。

（2）本清单只适用于保养小修，中修与大修应委托检测单位对项目进行检测评定，根据评定结果和规范进行设计后由专业单位实施维修。

（3）如果与卫生保洁内容有重复，应删除。

2. 工程量清单计价说明

（1）工程量清单应与投标人须知、合同条款、计价规范、技术规范及现场勘察等文件结合起来查阅与理解。

（2）除非合同另有规定，工程量清单中有标价的单价和总额价均已包括了为实施和完成合同工程所需的劳务、材料、机械、质检、安装、调试、缺陷修复、管理、保险（工程一切险、第三方责任险和人身意外伤害险除外）、利润、税费等费用，以及合同明示或暗示的所有责任、义务和一般风险。包括安全防护费、文明施工与环境保护费，维修时防止行车干扰措施费和垃圾外运费用等。

（3）工程一切险的投保金额为工程量清单内所有保险费的支付细目，投标人根据上述保险费率计算出保险费，填入工程量清单。除上述工程一切险、第三方责任险及人身意外伤害险以外，所投其他保险的保险费均由养护单位承担并支付，不在报价中单列。

（4）养护单位应在整个养护合同承包期间对其为本合同养护工程进行保险，保险的一切费用应由养护单位承担并支付，并综合在所报的单价或总额价中。

（5）工程量清单中所列"小修保养"工程量是估算的预计数量，仅作为投标的共同基础，不能作为最终结算与支付的依据。实际支付应以实际完成的工程量，由养护单位按计价规范、技术规范规定的计量方法，以业主（监理工程师）认可的尺寸、断面、数量计量，按工程量清单的单价和总额价计算支付金额；或者根据具体情况，按相应合同条款的规定，由业主（监理工程师）确定的单价或总额价计算支付额。

（6）工程量清单中列有数量的每一个细目，都需填入单价或总额价，作为工程价款结算的依据。对于没有填入单价或总额价的细目，其费用应视为分摊在本合同工程的有关细目的单价或总额价之中。养护单位必须按业主指令完成工程量清单中未填入单价或总额价的工程细目，但不能得到结算与支付。

（7）除工程量清单漏项或变更引起新的工程量清单项（细）目外，符合合同条款、计价规范、技术规范规定的全部费用应认为已被计入有标价的工程量清单所列各项（细）目之中，未列项（细）目不予计量的工作，其费用应视为已分摊在本合同工程的有关项（细）目的单价或总额价之中。

（8）工程量清单中的工程细目的范围与计量等应与计价规范、技术规范相应章节的范围、计量与支付条款结合起来理解或解释。

（9）对作业和材料的一般说明或规定，未重复写入工程量清单内，在给工程量清单各细目标价前，应参阅招标文件中计价规范、技术规范的有关部分。

（10）对于符合要求的投标文件，在签订合同协议书前，如发现工程量清单中有计算方面的算术性差错，应按投标人须知规定予以处理。

（11）工程量清单中所列工程量的变动，丝毫不会影响合同条款的效力，也不免除养护单位按规定的标准进行施工和修复缺陷的责任。

（12）养护单位用于本合同工程的各类装备的提供、运输、维护、拆卸、拼装等支付的费用，已包含在工程量清单的单价与总额价之中。

（13）本项目工程量清单中的暂定金额为10%。

（14）计量方法：

a. 用于支付已完工程的计量方法，应符合计价规范、技术规范中相应章节的计量支付规定。

b. 确认单中所列的工程数量表及数量汇总表仅是提供资料，不是工程量清单的外延。当实际与工程量清单所列数量不一致时，以工程量清单所列数量作为报价的依据。

（15）工程量清单中各项金额均以人民币（元）结算。

（16）工程量清单及其计价中所有要求署名、盖章处，必须由规定的单位和人员署名、盖章。

（17）关于余方及拆除物的弃置，运距应由承包人自行考虑可行方案后报价，实施时将不因运距变化而作调整。

（18）本工程业主不提供施工临时水源、临时电源。施工中所发生的水源、电源及水费、电费和发电费用等应由承包人考虑，含在投标价中。

（19）关于淤泥、余方及拆除物的弃置，运距应由承包人自行考虑可行方案后报价，实施时将不因运距变化而作调整，弃置应符合国家有关法律规定。

表1　　　　　　　　　　　工程细目工程量清单

一般费用

序号	细目名称	计量单位	工程数量	单价（元）	总价（元）
1	保险费				
1.1	建筑工程一切险	总额			
1.2	第三方责任险	总额			
1.3	人身意外伤害险	总额			
2	工程管理				
2.1	档案资料编制费	总额			
2.2	施工环保费	总额			
2.3	交通安全管理费	总额			
2.4	安全生产费	总额			
3	临时工程与设施				
3.1	临时占道用地	总额			
3.2	临时供电用水	总额			
3.3	临时通讯	总额			
4	巡查费（道桥管道与路灯）	总额			
5	养护质量检查与考核	总额			
6	暂定金额				

小修保养工程量清单

序号	细目名称	计量单位	工程数量	单价（元）	总价（元）
1	沥青砼道路小修				
1.1	铣刨	m^2			
1.2	细粒式沥青砼路面4cm	m^2			
1.3	细粒式沥青砼路面每增减1cm	m^2			
1.4	沉陷、坑槽、车辙、翻浆处理	m^2			
1.5	波浪、搓板、拥抱、泛油处理	m^2			
1.6	麻面、松散、脱皮、啃边处理	m^2			
1.7	纵横裂缝维修	m			

续表

序号	细目名称	计量单位	工程数量	单价(元)	总价(元)
1.8	网状裂缝	m^2			
2	水泥砼道路				
2.1	裂缝维修	m			
2.2	更换填缝料	m			
2.3	破板修复	m^2			
2.4	错台处治	m			
2.5	板底注浆	m^2			
2.6	除雪除冰	m^2			
2.7	撒防滑材料	m^2			
3	人行道路维修				
3.1	块石人行道	m^2			
3.2	透水砖人行道	m^2			
3.3	砼道板人行道	m^2			
3.4	石材平石	m			
3.5	石材侧石	m			
3.6	砼平石	m			
3.7	砼侧石	m			
4	桥梁工程				
4.1	维护伸缩装置	m			
4.2	修补人行道含基层	m^2			
4.3	修补护栏(包括基础)	m			
4.4	护栏刷油漆	m			
4.5	泄水管	套			
4.6	锥坡、翼墙	m^3			
5	排水管道工程				
5.1	管道疏通	10米			
5.2	检查井清捞	座			

续表

序号	细目名称	计量单位	工程数量	单价（元）	总价（元）
5.3	检查井盖的更换	只			
5.4	雨水箅的更换	只			
5.5	井壁砌筑维修含粉刷	m³			
5.6	终端排放口维护	处			
6	路灯照明				
6.1	灯具更换	套			
6.2	灯杆补漆	只			
6.3	检测包括杆基、接地和电缆控制箱	项			
6.3	基础修复	只			

计日工表

编号	项目名称	单位	暂定数量	综合单价(元)	合价（元）
一	A1 劳务				
1	普工	小时			
2	技工	小时			
3	工长	小时			
	劳务小计				
二	A2 材料				
1	钢筋 HPB235 级	t			
2	钢筋 HRB335 级	t			
3	水泥 P042.5	t			
4	砂（综合）	t			
5	碎石（综合）	m³			
6	机制砖（综合）	千块			
7	道板砖	块			
8	透水砖	块			
9	盲道砖	块			
10	平石	m			

编号	项目名称	单位	暂定数量	综合单价(元)	合价（元）
11	侧石	m			
12	细粒沥青砼	m³			
	材料小计				
三	A3 机具				
1	灰浆搅拌机（综合）	小时			
2	混凝土搅拌机（综合）	小时			
3	切缝机	小时			
4	清缝机	小时			
5	灌缝机	小时			
6	水泵	小时			
7	汽车（综合）	小时			
8	粪便车	小时			
9	吸泥车				
10	疏通车	小时			
11	铣刨车	小时			
12	摊铺机	小时			
	机具小计				
	计日工－合计				

后 记

本书结合"世界银行贷款陕西小城镇基础设施建设项目"资产管理工作编著，是对中国小城镇资产管理普遍问题的总结和研究。在资产管理活动开展过程中，陕西省发展和改革委员会、陕西省财政厅给予大力支持和指导；陕西省渭南市澄城县、宝鸡市陈仓区、安康市汉阴县、汉中市汉台区（铺镇）、咸阳市旬邑县、礼泉县、武功县（武功镇）等七个县区具体组织实施；北京海立信信息咨询有限公司负责技术支持，开展相关研究，陕西建华工程项目管理有限公司协助数据调查和整理。在此，对所有参与单位和人员表示由衷的感谢。

特别感谢世界银行专家团队对陕西小城镇基础设施建设项目资产管理工作的指导和帮助！

2020年11月